一言可成事，一言可败事

HOW TO TALK WISELY

别让不会说话害了你一生

一本让你和任何人都聊得来的实用智慧书

赵全◎著

民主与建设出版社
·北京·

© 民主与建设出版社，2023

图书在版编目（CIP）数据

别让不会说话害了你一生 / 赵全著 . -- 北京：民主与建设出版社，2023.2
ISBN 978-7-5139-4116-7

Ⅰ.①别… Ⅱ.①赵… Ⅲ.①语言艺术 – 通俗读物 Ⅳ.① H019-49

中国版本图书馆 CIP 数据核字（2023）第 029225 号

别让不会说话害了你一生
BIERANG BUHUI SHUOHUA HAILE NI YISHENG

著　　者	赵　全
责任编辑	刘树民
封面设计	末末美书
出版发行	民主与建设出版社有限责任公司
电　　话	（010）59417747　59419778
社　　址	北京市海淀区西三环中路 10 号望海楼 E 座 7 层
邮　　编	100142
印　　刷	三河市京兰印务有限公司
版　　次	2023 年 2 月第 1 版
印　　次	2023 年 2 月第 1 次印刷
开　　本	700 毫米 ×1000 毫米　1/16
印　　张	15.75
字　　数	164 千字
书　　号	ISBN 978-7-5139-4116-7
定　　价	35.00 元

注：如有印、装质量问题，请与出版社联系。

前言

提到说话，它应该是生活中最常做的一件事了。从牙牙学语开始，我们几乎每一天都在说话，每一天都在与人进行言语上的交流。正因为足够常见和频繁，我们常常误以为说话很简单，误以为说话就是将自己想要说的东西表达出来，就是将所要谈论的话题与人进行分享和讨论，所以多数人仍旧觉得说话就是一种发声的形式，只不过是针对特定的内容进行表述罢了。

但是与此同时，很多人可能会有这样的疑惑：为什么同样的内容，自己说出来效果就会更差一些？为什么自己在不经意间就容易得罪别人？为什么自己总是说出一些让人觉得莫名其妙的话？为什么说错话的人总是自己？

尽管很多人都认为自己会说话，或者认为说话并不难，但是当他们意识到自己常常因为说错话而遭到周围人的排挤，遭遇人际关系危机，或者面临事业上的失败时，不得不重新思考一个问题：自己会不会说话，自己的说话水平究竟如何？

其实这样的话题有一个本质性的问题，那就是什么才是真正的说话，一个人又该怎样把话说好？作为一种数十万年以来确保人类得以繁衍生息、生存发展的工具，说话究竟具备什么样的奥妙呢？

这里涉及一个重要的话题，那就是说话之道，抑或是说话的技巧，可以说正是因为能够掌握各种出色的技巧，我们才能够把话说好，才能把话说清楚，也才能把话说得让人舒服并且心服口服。

著有《人类的心境》一书的作家伊莱亚斯·卡内蒂曾经说过："如果把说话当成一种开口发声和表达的举动，那么我们的任何一次发言都将毫无意义；如果我们只是想到什么说什么，那么我们的话将会漏洞百出。"很显然，对于我们每一个人而言，要想把话说得更加得体，就需要运用一定的技巧，就需要对自己的话进行一定的组织和编排，而不要让其变成一种完全失控的、本能的发泄。

在日常生活中，我们常常会说某某人在说话方面具有很高的天赋，其实所谓的天赋就是一种技巧，比如有的人善于迎合，有的人擅长幽默，有的人谈吐圆滑，有的人时而沉默，时而热情；有的人感情丰富，有的人肢体语言很多，有的人声音柔和，有的人语调优美。对于不同技巧的掌握程度以及纯熟使用程度，决定了我们在说话时的魅力和影响力，而这也会对个人的生活、工作以及社交产生重要的影响。

事实上，无论是在哪个行业、哪个部门、哪个圈子，无论是面对什么样的人，会说话的人，能够熟练运用说话技巧的人，往往更受欢迎，他们在生活和事业当中遭受到的外来阻力往往也更小一些。

比如对于那些会说话的人来说，他们可以让一件原本尴尬的事情变得让人舒服，让一件很复杂的事情变得更加简单，让那些枯燥无味的事情变得更加生动，让那些让人讨厌的事情变得受人喜欢。除此之外，会说话的人，往往更受别人的欢迎，往往更容易获得关注的机会，也更容易获得他人的帮助。会说话，能够增强人际关系，创造更多的发展机会，减缓生活与工作压力。从这一方面来说，话语技巧实际上就是个人竞争力的一个重要组成部分，也是个人生存和发展的重要保障。

那么说话的技巧究竟是怎样的呢？说话主要有什么技巧呢？本书通过对说话这一生活基本的功能进行分析，重点讲述了各种不同的说话之道，认真总结了多种多样的话语技巧。其内容包含说话的常见误区、说话的常用小技巧、沟通的基本方式、沟通的内容等，从说话内容到说话形式都进行了深入探讨。读者通过阅读，可以更为全面地了解说话的各种方法和技巧，可以掌握一些最基本的沟通技巧和提升沟通能力的方法。

此外，本书包容古今各种案例，集合了比较典型的一些故事，它们能够凸显语言的魅力和价值，也能够向人们传授一些语言技巧。精彩的案例搭配比较平实的语言风格，以及契合案例与主题的各个论点、论据，确保了本书在拥有严密逻辑的同时保持着比较简单直接的风格，这些都有助于读者更好地理解书中的内容。尽管本书由于篇幅原因，不能将所有与说话技巧相关的问题全部呈现在读者面前，但是内在已经包含的内容还是能够帮助读者掌握好一些常规的交际技巧，如果读者想要提升自己的说话水平，那么本书将是一本非常合适的参考书和工具书。

目录

第一章 有些人为什么总是说错话
1. 健谈并不等同于会说话 …………………… 003
2. 自说自话，不懂得迎合 …………………… 008
3. 把所有的话一个人说完了 ………………… 012
4. 在言语中炫耀自己 ………………………… 016
5. 习惯性说"我"，而不是"我们" ………… 021
6. 谈话缺乏明确的主题 ……………………… 025

第二章 如何说，人们才会信任你
1. 与朋友交往，贵在真诚 …………………… 033
2. 主动找话题，拉近彼此之间的距离 ……… 038
3. 保持亲和力是接近他人的基础 …………… 044
4. 把认真倾听当成一种习惯 ………………… 049
5. 用礼貌用词来武装自己的话 ……………… 054
6. 同情心是拉近关系的重要方法 …………… 060

第三章 这样说，人人都爱听
1. 幽默的话语往往更具魅力 ………………… 067
2. 多一点赞美，少一点批评 ………………… 072
3. 必须批评时，先做好自我批评 …………… 078

4. 把拒绝说得更加婉转一些 ………………………… 083
5. 注意使用抑扬顿挫的声调 ………………………… 089
6. 说话也要懂得八面玲珑 …………………………… 094

第四章　自我克制的说话艺术

1. 掌控情绪，保持风度 ……………………………… 103
2. 不要总是在别人面前抱怨 ………………………… 109
3. 争议的话题最好少说一点 ………………………… 113
4. 尊重他人的表达权，不随意插话 ………………… 117
5. 不要把话说得太满、太绝 ………………………… 121

第五章　有些话你绝对不能说

1. 背后伤人的话最好不要说 ………………………… 127
2. 避免废话，浓缩就是精华 ………………………… 130
3. 不了解的东西就不要发言 ………………………… 135
4. 说话要有理有据 …………………………………… 139
5. 善意的谎言有时候不可或缺 ……………………… 144

第六章　让你的话充满魅力

1. 善于把握对方的好奇心 …………………………… 151
2. 注意肢体语言的配合 ……………………………… 157
3. 善于借助别人的口来帮助自己说话 ……………… 163
4. 说话前先思考 10 秒钟 …………………………… 167
5. 顺势追问，避免冷场 ……………………………… 173

第七章　把话说得滴水不漏

1. 没有说错的老板，只有不会说话的员工 …………… 181
2. 承诺太多反而会失真 …………………………………… 187
3. 正话有时候也要反过来说 ……………………………… 192
4. 尽量避免命令式的语气与口吻 ………………………… 197
5. 注重沟通中的互动交流 ………………………………… 202

第八章　成为沟通交际达人

1. 聪明人不妨说一点糊涂话 ……………………………… 209
2. 以柔克刚的说话艺术 …………………………………… 214
3. 以退为进说服他人 ……………………………………… 221
4. 谦卑的说话之道 ………………………………………… 225
5. 自然朴素的语言魅力 …………………………………… 231
6. 保持你的个性 …………………………………………… 236

第一章

有些人为什么总是说错话

1. 健谈并不等同于会说话

在生活中，有很多这样的人，他们有事没事就喜欢聊天，要么和朋友们一起聊聊娱乐八卦、热点新闻，要么就是对工作发表一通漫谈。这些人往往可以连续好几个小时谈论某一个话题，而他们也乐于花费一整个下午甚至一整天的时间就某一个话题进行深入沟通。还有一些人几乎什么话题都能聊，基本上就是各种话题任意切换，因此给人的感觉非常博学，而他们也乐于在交流中展示自己全方位的知识储备。

在多数人固有的思维中，一个人如果很健谈，一个人如果什么都会说，就意味着他学识渊博、认知范围很广，上知天文下知地理，无所不知无所不晓。此外，我们会认定那些健谈的人一定具备很强的交际能力，会认为他随时都可以和别人顺利交谈，并且具有他人无可比拟的好人缘。正因为如此，我们经常会羡慕那些能说会道的人，会羡慕那些非常健谈的人，并仿效他们的说话方式去沟通。

那么，健谈的人是否真的就一定会说话呢？健谈的人是否真的像我们所说的那样受欢迎呢?

对此，我们可以进行对比，比如我们可以对那些健谈的人进行仔细分析，然后就会发现这些人往往依靠内容取胜和时间取胜，健谈的人往往有两个特征：第一个特征是说得多，也就是说他们说的时间很长；第二个特征是说得杂，即他们所说的内容很广，而且跨度非常大，各种话题掺杂其中。因为说得多，我们会认为他们对事情进行了深入的了解；因为说得杂，我们会觉得他们知识丰富，无所不包。

可是这两个特点与真正的会说话还是有一定区别的。

首先，健谈的人会一件事说上好几遍。健谈的人往往存在一个缺点，那就是经常一件事重复说上好几遍。或者，一件事情原本可以说得很简单，或者通过很简单的几句话表达出来，但是他们总是说得更加复杂和详细。

美国前第一夫人希拉里·克林顿曾经提出了一个"健康安全法案"，这个健康法案未经推出就引来一片骂声，因为在国会演说上，希拉里一口气花了4个小时来讲清楚这件事，并对法案的大致内容进行讲解。这样的会议几乎让每一个在场的议员昏昏欲睡。他们不知道希拉里为什么要花费那么长的时间进行讲解，而且当他们得知整个法案足足有1342页内容时，几乎崩溃了。

不可否认希拉里是一个不错的政治家，但是她的健谈并没有为法案的通过带来任何帮助，相反地别人会觉得她故意将事情弄得更加复杂了，毕竟对于类似的法案来说，她原本可以说得更加简单一些，可以对内容进行简化，而不是像现在一样动辄说上几个小时。这种健谈毫无疑问使希拉里看起来更加笨拙，她似乎还没有找到一种将话说清楚的方式，而一味迷信"说得更久更容易打动人心"的原则。

其次，健谈的人会经常说错话。因为健谈的人往往会说很多话，可是说得越多就越容易出错。对于那些健谈的人来说，他们在谈论某个话题的时候，并不具备充足的知识储备，也并不是相关话题的专业人士，这个时候他们会在谈话中加入很多主观因素，比如主观上理解某件事而非对客观事实进行理性分析，或者说缺乏对相关知识的掌握。

正因为如此，健谈的人会出现很多错误或者不合理的观点，也会出现很多不符合实际的论断。从表面上看，他们的谈话水平似乎很高，似乎对相关问题的探讨很到位，但是在那些专业人士看来，这些谈话并不严谨，也缺乏依据，因此缺乏足够说服力，也缺乏足够的价值。

最后，健谈的人只对自己的话题感兴趣。健谈的人往往对自己的话语和话题非常感兴趣，并且自信满满，但是对于很多人来说，这些话题实际上并不那么吸引人。在这个时候，一旦谈话者说了更多的话，也就意味着倾听者将会承受更大的无聊。事实上，当一个健谈的人喋喋不休地讨论一个我们根本不感兴趣甚至讨厌的话题时，这会让双方的交流变得很尴尬。还有一点同样很重要，当某个人过多的说话时就会造成其他人话语权的减少，这样会造成话语权分配的失衡，从而影响正常的人际交往。

正因为如此，健谈和会说话从来就是两码事，一个人非常健谈并不意味着他所说的话很有水准，不意味着他所说的话都那么让人感到舒服，也不意味着他的话具有多大的价值。一个真正会说话的人并不会喋喋不休，他总会在最短的时间内把想要表达的意思全部表达清楚，也能将所要表达的内容完整地传达出去，并且不会引起他人的反感。

英国著名演说家大卫·葛文说过："有的人可以随时随地和你聊上一整夜或者一整天，但他们未必是最好的那个演说者，一个好的演说家应该有那种让别人听上一整夜或者一整天都不会感到厌烦或者劳累的能力，而不是喋喋不休地在别人面前说上十几个小时。仅仅依靠说话的时间以及那种热情，是不足以确定他们是否具备演说天赋的。就像我们在日常生活中所遇到的那些喜欢说话的人，那些一聊起来就喋喋不休的人，他们只是更喜欢说话和表现自己而已，而非拥有高明的技巧或者天赋。"

所以一个真正会说话的人往往会掌握各种技巧，会懂得收放自如，会注重场合以及说话的分寸，他们从来不会觉得只要自己话说得越多，人气就越旺，自己就越能受到更多的关注。相反地，在一般情况下，他们更喜欢适当少说话，更懂得尽量把话说精，说得更有品位，更懂得如何去吸引别人的关注。

2. 自说自话，不懂得迎合

英国科学家法拉第在实验室中发现电磁感应后非常高兴，认为这是一个足以改变世界的大发明，可是随之而来的研究经费短缺的问题让他措手不及，毕竟没有足够研究经费的话，所有的实验都会被迫终止。就在他感到为难的时候，助手提出了一个建议："我们为什么不去找首相大人要一点经费呢？"法拉第不忍心自己的实验因为经费短缺而搁置，于是决定和助手一起去首相府要钱。

两个人来到首相府后，助手想也没想就直接向首相提出了索要经费的事情。为了说服首相，助手干脆拿出了设计图纸，然后兴致勃勃地讲述了眼下正在进行的伟大发明，还对相关的理论进行了解释。首相对于物理学的东西向来漠不关心，所以对助手的谈话毫不在意，也根本没打算将经费用在一大堆莫名其妙的实验上。

助手说了将近一个小时，首相依然无动于衷，根本没提拨款的事情。对于这一切，法拉第都看在眼里，所以他干脆打断了助手的谈话，然后微笑着对首相说："我的助手已经说得非常明白了，你知道发明总会带来生活上的改变，一旦人们离不开这些发明，您完全可以用它来征收更多税收。"首相听法拉第说这样的发明以后会带来很大的利润，立即来了精神，虽然他依然没有弄清楚法拉第的发明到底是什么，但是钱总是实实在在的东西，所以他想也没想就给法拉第提供了一大笔援助费，并且提供了许多相关的器材，而法拉第也得以顺利将自己的研究工作进行下去，并最终获得了成功。

为什么助手说了那么多的话，却始终没有打动首相，而法拉第只用简短的几句话就让首相主动掏出经费来呢？

在回答这个问题之前，也许我们应该想一想：该如何营造一个良好的谈话氛围？或者说该如何开始彼此之间的谈话。实际上，在很多时候我们都忽略了这样一个最基本的问题：别人是否喜欢自己的说话内容和风格。

多数人都会这么去想"我要将自己最擅长的东西表达出来，我要说一些自己最能够表达个性与能力的话"，因此在表达的过程中，我们更加专注自己的表达方式和内容，更加注重自己的话语权。

无论如何，这些比较自我的表达方式和态度都会让我们在交际中显得不那么受欢迎。关于这一点，在谈话之前几乎就是可以预见的。比如我们常常会听到别人高谈阔论，但是自己却对此提不起任何兴致，其原因主要在于谈话的人并没有想过去迎合他人，没有想过要去迁就别人的话题交谈。

德国社会交际学研究协会副会长汤姆·恩博曾经在一份报告中提到了一组惊人的数据：信息交流的成功率只有不到30%。这个数据提出之后，引起学术界巨大的争论，有人觉得实际的信息交流成功率要更低一些，也有人反对这个数据，认为信息交流的成功率可能高达50%以上。

如果我们注意观察生活，就会发现出现这样的数据并非不可能。在很多时候，我们都忽略了怎样让别人听起来更加舒服，怎样让别人感受到我们话中的诚意，由于缺乏迎合性，我们传达的很多信息都被他人给自动屏蔽了。

成功学导师卡耐基曾经说过："一个善于操纵语言的人，并不会过度策划自己喜欢的话题，他们更加擅长去讨论他人喜欢的话题，更懂得如何让他人对自己的谈话感兴趣。"在卡耐基看来，多数人都会将注意力放在自己身上，因此说话的时候会不自觉地围绕着自己来转，却没有想过沟通的目的实际上是拉近与别人的关系，是创造更加和谐的关系，而想要做到这一点，就需要改变说话的方式，要改变单纯的"信息输出"方式，将其变成一种"信息契合"战术。

很显然，信息输出就是单纯地把话说出来，信息契合则是一种互相交流的方式。需要注意的是，"把话说出来"和"相互交流"是两个不同的概念，虽然同样都是在说话，但是从沟通的角度来说，纯粹把话说出来可能更加接近自我表达，即说出自己想要说的话，或者自己感兴趣的内容，在这个过程中，说话者往往没有意识到自己需要对他人负责。而与人交流则不一样，交流的关键在于了解彼此的想法，在于一种协调和平衡，所以在交流的过程中，一方通常会迎合另一方的想法。

国内著名的社会学家陈西鹏教授认为，说话需要讲究一定的策略。这个策略就是主动迎合别人，说别人爱听的话，谈别人感兴趣的话题，聊一些别人最喜欢的事情。陈西鹏教授举例说："就像中国人和美国人打交道的时候，不能千篇一律地聊乒乓球，而应该主动聊一聊橄榄球和篮球。"

其实和美国人聊橄榄球或者篮球，这就是一种迁就与迎合，毕竟美国人最喜欢的运动就是橄榄球和篮球，这就是他们的兴趣点。而只有以这些话题为切入口，我们才能够更好地与对方建立起更为亲密的关系。

所以在面对不同的人时，一定要准确把握对方真正感兴趣的东西，一定要迎合对方的兴趣点和利益点，只有这样才能引起他人的关注。正如卡耐基所说："我不是什么先知，更不是什么万人迷，我只是比你们更加懂得去了解别人最喜欢什么东西而已。"

不过想要了解对方感兴趣的谈话内容，想要了解对方真正喜欢听什么话，就要主动去观察和了解对方的生活，弄清楚他们的职业、性格、兴趣爱好，弄清楚他们的交际圈与生活方式，这样才能掌握好沟通的技巧，才能避免自说自话。

3. 把所有的话一个人说完了

众所周知，美国前第一夫人希拉里·克林顿是一个女强人，她的政治阅历非常丰富，能力也很强，演讲的水平也很高，但是她却总是容易在演讲中犯一些低级错误，那就是自己一个人说话，然后将所有人晾在一旁。比如，纽约市的议员格雷先生曾经和她一起登台发表演说，可是当演说开始之后，希拉里竟然一个人霸占话筒，一口气将自己连同格雷先生要说的话一起说完了。

而在2016年的美国总统竞选活动中，她再次犯下同样的错误。当时她的丈夫克林顿（美国前总统）准备在某次活动中发表讲话，以便帮助她拉选票，可是当克林顿准备好稿子之后，希拉里根本没有顾及他的意见，直接一个人在演说中结束了拉选票的活动。

这样的事情不止一次发生，因此克林顿觉得非常无奈。很显然，以希拉里这样的状态，她很难在交流中真正引起他人的关注和尊重，毕竟每个人都希望自己成为谈话中的焦点，希望自己可以将那些最重要的话传播出去，但问题在于任何一种交流都不是自说自话，都不是一个人在讲台上的独舞。

事实上，从交流的角度来说，尽管每个人所扮演的戏份不一样，每个人所要表达的内容以及内容的多少也没有明确规定，但是每一个人都拥有自己的说话权限，什么话该自己说，什么话该让给别人来说，这些都是很有讲究的。比如我们总能在奥斯卡或者其他的颁奖典礼上，见到那种巧妙而睿智的表达方式。当其中一人对奖项做了一番表述和铺垫后，会将最后说出获奖人名字的机会让给他的搭档，这是一种谦虚礼让的标准模式。

对于聪明人来说，他们永远都知道自己应该在什么时候进行表达，也永远都知道自己该说些什么，该说多少。他们绝对不会轻易去抢夺别人的话筒，不会让别人陷入无话可说的尴尬境地。

美国前总统林肯曾经说过："当我和别人讨论某个话题时，我只会说出其中的30%，另外70%最好让给别人来说。"著名演说家克莱尔也说："一个善于交际的人，总是不失时机地将最重要的那些话留给别人说，即便他自己可以非常完美地表达清楚。"著名的脱口秀主持人奥普拉说过："没有什么比分享更加重要了，总得留一点话给别人说，总得留点时间听听别人说了什么。"

如果一个人希望与别人产生更为愉快的互动，希望双方的沟通、交流能够更加顺畅，能够让自己更加受欢迎，那么最基本的一条原则就是让别人说出自己想要说的话，并且要主动出让这种表达的机会。

正因为如此，如今很多公司都推行"头脑风暴"。所谓"头脑风暴"实际上就是让每一个与会者，每一个参与企业建设或者想要对企业发展提出自己看法的人勇敢地进行表达。公司需要更多不同的意见和建议，需要集中更多的观点，以此来丰富自己的决断。这种方法实际上就是一种大众表达的方式。对于企业决策者来说，运用"头脑风暴"可以让更多的人参与到企业决策当中来，从而提升其工作的积极性，并提升自我存在感，这样会让员工觉得自己的想法受到了重视。

这样的分享姿态在工作中往往显得很重要，即便某个人具备好点子，即便某个人能够提供很多很好的意见，但是仍旧要懂得退让一步，不妨像巴菲特那样大度地对别人说："我一直都希望你能够说点什么，那对我们来说可能会非常重要。"这是一种睿智的表现，也是构建良性沟通机制的关键。

即便是在生活中，我们也同样需要保持这样的方法。我的父母都是非常直率的人，但是他们婚后的四十几年却极少发生争吵。做到这一点并不容易，这得益于我的父亲掌握了一个法宝，那就是把表达的机会留给母亲。

每一次遇到什么重要的事情，他会以当家人的姿态说出自己的观点，但是他不是那种一个人把话说完然后下结论的独裁者，而是非常绅士地对母亲说："接下来，我想听听你的看法。"或者说"你有什么想法吗？"

关于这一点，不得不承认父亲做得很棒，尽管只是礼貌性的话，但实际上表现出了一种平等对话的态度，体现出了一种尊重他人的态度，这对任何人来说都是一个积极的、善意的举动。

正因为如此，我们每一个人都要注意说话的方式，不要将所有的谈话都当成一种纯粹的自我表达方式，不要将沟通变成自己的演说专场。无论自己多么善于言谈，无论自己的观点有多么犀利和新颖，都不要忘了给别人留下一个表达的机会。

4. 在言语中炫耀自己

对于绝大多数人来说，说话是自我展示的一个最好渠道，可以说在向外宣传自己、表达自己，并努力建立自我形象的过程中，多数人都渴望通过说话来描述一个完美的自己。这个时候，我们就会不自觉地对自己进行适当的修饰和美化，会尽可能地以一种高姿态来展示自己的形象。

比如在日常生活中，我们会毫不犹豫地说出自己某一个方面的优点和特质，或者高调地告诉别人自己正在实施某个大计划。这种自信的表达方式并非不可取，但事实上由于过分推销自己，我们在高调展示自我的道路上会越走越远，而这往往会给我们的交际带来伤害。

汉朝的开国功臣韩信是难得的军事奇才，领兵打仗的能力非常强，但是他为人比较高傲，言语之中常常会展现出骄傲自大、目中无人的一面，因此常人难以与之相处。这一点在他帮助刘邦夺得天下后表现得更加明显。

有一次，刘邦和韩信讨论领兵之道，当时刘邦询问韩信："你觉得我可以带领多少兵马？"韩信据实直言："最多不过十万。"然后他又问韩信："你自己可以带领多少兵马？"韩信非常自信地说："我当然是多多益善了。"这句话让刘邦听了很不舒服，他觉得韩信不过是在趁机羞辱自己罢了。

韩信见到刘邦不开心，立即意识到自己说错了话，然后打了个圆场："大王不会带领士兵，但是善于驾驭将军，这就是我为什么能为大王效力的原因。"这时候，刘邦才转怒为喜，但是韩信并没有因为这件事而收敛本性。他在和其他同僚说话时总是趾高气扬，甚至扬言别的将军都不配和自己说话，自己也不屑于和对方一起走路，因此惹得大家都对他恨之入骨。

后来，高傲的韩信因为目中无人被刘邦和群臣排斥，最终刘邦担心他会威胁到自己的王权，于是让吕后和萧何设计将其杀死。韩信一生战功无数，基本上没有打过败仗，却输在了高傲的嘴上，让人唏嘘不已。

在日常生活中，我们往往愿意充当强者，往往愿意将自己最好的一面表现出来，因为多数人都会觉得越是高调地展示自我，就越能引起他人的关注，就越是能够造成一种"我比别人都要强"或者"我与众不同"的心理优势。他们渴望利用这种优势来明确自己在群体中独一无二的地位。正因为这个原因，他们往往会说出一些非常高傲的话，或者毫不掩饰地让别人看到自己的强大和某种优势。

从自我展示的角度来说，这的确是一种很直接的方法，而且也能在最短时间内让别人认识到自己，不过这种认识在很多时候都会带来很强的负面影响。因为人都具有嫉妒心，都喜欢与人进行比较，一旦有人过度高调地展示自己，总是喜欢在言语上压住别人一头，就会打破原有社交体系中的平衡状态，这样一来，就有可能会引发他人的不满。

俗语说："木秀于林，风必摧之；堆出于岸，流必湍之；行高于人，众必非之。"一棵树如果高于其他树木，那么就容易被风吹折；泥土堆高于河岸，就必定被水冲刷；一个人如果在言语中处处压制别人，处处展示自己高人一等的那一面，那么也必定会被人打压和排挤，而且越是自命不凡，越是言语高调的人越容易成为别人攻击的目标和对象。

有人曾经说过：这个世界往往有两种强势的人，一种是站在高处，等着别人来仰视自己的人；一种是时刻处在低位，隐藏实力的人。那些站在高处的人，总有一天会被人拉下来，而身处低位的人却总是游刃有余，长久地生存下去。

所以做人不要太过高调，更切记要注意自己的言辞，不要太过盛气凌人，不要太过张扬，也不要处处想着如何压人一头。其实一个真正的强者，一个真正有内涵的人，是不会在言语上与人比个高低的，他们反而更加注重自身的修养，更加注重与人交际时的效果。

瑞典的前首相帕尔梅是一个行事低调的人。虽贵为首相，但他总是把自己融入普通人的生活当中去，一直都住在一套破旧的普通公寓楼里，上班也没有代步车。重要的是他还是一个非常有亲和力的人，说话的时候语气温和，没有任何炫耀地位的言辞。在与人谈话的时候，总是表现得很谦卑，总是耐心地听别人说话，并且会谦虚地向别人求教。很多人都认为他是一个平民首相，这种低调的个性也让他成为一个讲话时最让人感到舒服的首相。在一项民意调查中，帕尔梅成为人们最想交流的对象。

其实交流的魅力正在于此，它不该是赤裸裸的炫耀，也不该是强势的一种心理压迫，而是一种低调的、平和的、平等的对话。说话的人需要放下自己高傲的心理，需要降低自己的姿态，需要适当隐藏自己的锋芒，毕竟低调谦和的人才更受欢迎，也才能够赢得别人的信任和尊重。

而对于那些保持低调的人来说，他们无论是对说话的内容、说话的语气、说话的方式都会进行调整，尽量把话说得更加温和舒适一些。那么如何才能在说话方面做到更加低调呢？我们平时又该如何把自己控制在一个相对平和的交流范围内？

——语气平和一些，不要露出盛气凌人的语气

——脚踏实地，不过分吹嘘

——不要炫耀自己的才能和优势

——不要说一些相互攀比的话

——多一些"自黑精神",说一说自己的缺陷

——不要轻易否定别人的看法

——谦卑一些,多向人请教

对于表达者来说,如果能够把握以上几条准则,就可以在说话的时候,给对方留下更好的印象,也能确保双方更加愉快地交流下去。

5. 习惯性说"我",而不是"我们"

在日常生活中,当某个人和朋友或者团队成员在针对某件事进行表达的时候,说得最多的是"我们"还是"我"呢?也许很多人并未认真考虑过这个问题,更没有人对其进行研究。

不过国内一家媒体机构曾针对这个话题进行了一次社会大调查,他们对职场人士、创业者、演员等200人进行了访问,发现这些人在讲述一些团体共同面对的话题时,更习惯说"我""我怎么样""我该如何去做",而不是"我们会怎么样"。

通过这个调查,媒体确定了一个现象,那就是多数人更习惯于将自己和某件事情联系在一起,而不是自己所处的团队和群体。比如在提到如何把握创业机遇的时候,很多创业者都会说"我应该保持耐性""我应该更加努力",而很少有人会提到自己的合作伙伴以及客户,他们并不习惯于说"我们将共同面对一切"。同样地,在询问白领的工作时,多数人都在谈论"我的工作是什么"以及"我将要怎么做",而很少有人会说"我们有什么计划"或者"我们是如何解决问题的"。

针对这些问题，这家媒体给出了一些忠告："如果你想要让自己在团队中站稳脚跟，想要赢得团队成员的信任，想要带领团队走得更远，那么首先就要学会说'我们'。"也许在很多人看来，"我们"和"我"之间并不存在什么不同，他们在口头表达上可能更加习惯于把"我"摆在一个重要的位置，这种表达对自己来说也许并没有什么特殊的含义，但是对倾听者来说可能意味着谈话的人是一个更加注重自我、更加专注自我表现的人。

如果对"我"和"我们"两个词进行分析，我们就能够意识到自己说话时所产生的不同效果。事实上，"我们"更多的是体现一种团队意识，体现的是一种共同奋斗、共同分享的意识，经常说一些"我们"的人往往会给人一种以团队利益为先的感觉。这样的表态等于将团队成员和自己捆绑在了一起，等于认可了团队其他成员的地位和作用，因此也更容易赢得别人的尊重和信任。

而反观"我"，这样的说法过于专注于谈话者本人，尽管在一些私人事务上可以多说"我"，但是在和团队利益息息相关的话题上，过度展示"我"这样的概念就会人为地将自己和其他成员划分开来，就会将自己从其他成员中孤立出来。尽管说话者本人并未有这样的想法，但是对于其他人来说，很容易造成误解。

比如某位老板说"在管理方面，我会做得更多、更好"，这句话显然没有"在管理方面，我们将会做得更多、更好"来的更有力量，也没有后面这句话听着更加让人舒服。毕竟，管理是一个体系问题，是所有管理人员以及员工共同努力的工作，如果仅仅将其定义为"我"自己的工作，那么无疑会破坏整个团队的权力系统和管理体系。

正因为如此，在和团队息息相关的谈话中应该注重这样的细节问题，凡事要从大局出发，要注意维护团队的形象和利益，要将团队看成一个整体。所以不要混淆了"我们"和"我"的概念，不要将"我"经常挂在嘴边，尽量多说"我们"，以免团队成员受到伤害。

比如在对外事务上，任何一个人都要明白一点，自己代表的是整个公司或者团队的意愿，因此在表达某些观点、某些立场的时候，一定要尽量采用官方的、正式的口吻，要尽量从"我们"的角度出发来进行阐述，而不是以"我"的名义来说。谈话者应该这样告诉对方："我们一直都想与贵公司合作""这就是我们的观点和立场""我们会尽量给您一个满意的答复"。很显然，运用"我们"会显得更有权威性，也更有说服力。

如果是针对内部工作的交流，那么说话者一定要注意先将集体利益、集体目标放在最重要的位置上，然后才是个人的目标和利益。因此，在交谈中一定要懂得将"我们"挂在嘴上，这样就会给别人制造一种"以团队利益为先"的感觉，而且多提"我们"会让其他成员觉得你非常看重他们，非常看重他们的价值，这样一来对方反而会更加信任你。对于那些管理者和领导来说，更应该突出自己团队成员的身份。"让我们一起努力""我们会做得很好"这些都是非常好的表达方式，让人感到舒服。

如果我们准备与人进行合作，那么多说"我们"就显得更加重要，这个时候合作双方已经形成了一个利益共同体，因此在交流的过程中一定要突出彼此之间共同的利益，要突出这种利益共生关系，而"我们"则是一种最基本的表达方式，也是维持双方合作的一个重要基础。如果说话者经常在谈话中说"我要怎么样"，往往会破坏相互之间的认同与信任。

在其他场合，说话者也要尽量注意自己的言辞，不要动不动就提到"我"，毕竟从字面意思来说，"我"代表的是个体，是自己，它背后的含义就是对自我诉求的一种表达，对自己思想的一种表达，而这样就会忽略那些和我们有着紧密联系的人的利益，就会引起其他人的反感。正因为如此，那些常常说"我"的人会被贴上"善于自我表现，缺乏团队意识，缺乏合作精神"的标签，甚至被认为是一个自私自利的人。

心理学家认为，那些喜欢说"我"的人，往往会在生活和工作中表现得自私自利。这些人做事比较自我，喜欢按照自己的主张和利益点去做事，而缺乏全面的思考。另外，他们不习惯与人分享，不适合共事。这些特质就导致了他们常常无法与别人进行更为顺畅的交流，导致他们经常被孤立在社交圈之外。

从这一个角度来说，任何一个谈话者一旦将自己置身于团队文化或者团队环境之中，就要懂得以"我们"来作为交流的主语，必须懂得用"我们"来定位彼此之间的关系。

6. 谈话缺乏明确的主题

有一次，石油大亨洛克菲勒的表哥找到了洛克菲勒，希望对方给自己的儿子杰克安排一个工作岗位。杰克学的是文秘专业，基本符合公司的用人标准。洛克菲勒不好意思拒绝，于是就安排杰克进入公司，先从自己的小助理做起。

杰克的工作态度还算不错，只不过洛克菲勒觉得这个侄子有些沉默寡言，而且缺乏必要的沟通能力。每次准备聊点什么时，杰克总是显得很紧张，而且说话缺乏重点和明确的主题，常常各种事情都说上一遍，让人听得云里雾里。正因为如此，洛克菲勒最终还是辞退了他。

表哥得知自己的儿子被辞退后，立马前来找洛克菲勒兴师问罪："我觉得咱们应该好好谈谈。"洛克菲勒笑着说："好的，我还记得咱们小时候一起去河里抓鱼。"表哥有些不耐烦地说："我说的不是这件事。"洛克菲勒也不管，一会儿说到小时候的事，一会儿说起昨天的生意，一会儿又谈到午饭的问题，一会儿又说自己最近颈椎不太舒服。

这些东拉西扯的话让表哥非常恼火，表哥直接拍着桌子大喊："你难道不想和我认真聊点重要的事情吗？"洛克菲勒此时站起来无奈地说："现在你该知道了吧，你儿子就是这样和我说话的。"听到这句话后，洛克菲勒的表哥才明白过来，最终悻悻离开。

其实，在生活中，常常也有人会犯和杰克一样的错误，说话的时候没有什么明确的主题和目标，总是随心所欲，想到什么说什么，想到哪里就说到哪里，结果往往让倾听者感到混乱。在沟通中之所以出现这样的局面，一个最主要的原因就在于，有些人觉得沟通就是发声，就是和别人聊天，就是说一些生活和工作中的事情，所以他们更喜欢闲聊。然而，闲聊在本质上来说也不是完全意义上的"散"，也不是完全意义上的"飘"。通常情况下，当我们与人交谈或者沟通时，谈话的内容都具备一定的针对性，双方必定是针对某一个话题进行交流。

比如在谈到工作的时候，就不要随随便便扯上生活中的话题；而在谈到工作作风的问题时，就不要将话题分散到人员调配、融资、管理、市场开发等其他方面的问题上去。对于沟通双方来说，保持话题的明确性和针对性往往是讨论、分析以及解决相关问题的基础，如果连具体的、明确的主题也没有，那么双方的谈话重点无从说起，双方之间的沟通也会变成无头苍蝇式的闲话家常。

在进行沟通之前，谈话者就需要明确几个要点：自己准备说些什么；对谁说；在什么时候说；在哪里说；自己准备怎么说。而在所有这些要素中，"准备说些什么"是一个大前提，也是构成整个说话的基础。主题不明确的谈话，就像没有方向、没有目标的航船一样四处漂泊。因此，我们在说话时，一定要言之有物，应该有一个明确的话题，而不是随意乱说。

如果想让自己的谈话有的放矢，让自己的谈话主题鲜明，那么就需要让自己的谈话更具针对性。

——明确自己谈话的重心

当沟通双方进行交谈的时候，可能会不可避免地牵扯到其他话题，但是为了确保沟通的顺畅进行，为了确保沟通过程中不会出现注意力分散、目标模糊、主题不明确等问题，谈话者需要明确谈话的重心。也就是说，要在各个话题当中找到那个最重要的话题来说，并增加谈话的内容、时间，以及给予更多的关注度。或者，要确保其他话题都是围绕着那一个最重要的话题来谈论的，这样就有效把握住了谈话的重心。

比如在会议上，经常会针对各种各样的问题进行讨论，但是在讨论这些问题的时候，领导往往不会千篇一律地将所有问题说个遍，而是会重点抓住一个或者两个最重要的问题进行探讨和分析，并将其作为整个会议的重点内容。他们会反复强调："公司面临的问题很多，但是这个问题才是重中之重。"或者会说"当务之急，公司最应该解决的还是这个问题。"通过对重点内容的强调，倾听者可以明确无误地知道这一次会议主要是要讨论和解决什么问题了，而这恰恰就是沟通的目的。

——明确谈话内容的中心

　　在沟通中，哪怕是最简单、最细微的一件事，它也拥有自己的内核和中心，只要我们将这些事情的中心说清楚，只要我们能够将整件事中最重要的、最核心的东西说出来，那么信息的传达与交流就会变得更有价值。这个中心往往是构成一件事情的内核，整个谈话实际上都在围绕这个中心来进行，因此在谈论某一件事情的时候，不能非常肤浅地一语带过，更不能说一些没有中心的话。

　　比如，在与上级谈论任务落实不到位的情况时，千万不要泛泛地谈论执行情况，千万不要泛泛地谈论落实不到位的相关情形，不要将问题流于表面，一定要明确这个话题的核心：执行力不足。只要把握住了这个核心问题，那么整个谈话就会变得更具针对性，沟通也会产生更大的价值。

　　总而言之，为了明确说话的主题，谈话者必须把握重点，必须对自己的谈话内容进行主次划分，必须将那些最重要的内容与核心的东西提取出来，并且在谈话中进行强调。只有将最重要的东西呈现出来，只有突出那些最想要说的话，别人才会从中接收到最重要的信息。

第二章
如何说，人们才会信任你

1. 与朋友交往，贵在真诚

在日常生活中，我们常常能够说出一些漂亮的话来，我们也掌握了一些取悦别人的方法，我们还拥有各种各样的技巧来维持和强化彼此之间的关系。通过一些技巧性的表达，多数人都可以在表面上维持一个比较好的交流氛围，但过度依赖技巧有时候并不适合。其实，在沟通和交流中，有一个最重要的品质必须把握住，那就是"真诚"。

对于多数人而言，与那些相互客套的话相比，他们更希望与自己交流的人能够拿出最真诚的态度，能够说出最诚恳的话。很显然，由于社交面的扩大，由于我们过度追求一些形式上、礼数上的东西，我们会忽略掉一些人际交往的基本准则，但是任何一种社交关系要想深入发展下去，要想建立在更加稳固的基础上，就需要投入更加真实的感情，毕竟人与人之间的深交大都是建立在相互信任、相互尊重的基础上的。如果缺乏真诚，那么所有的人际关系都将流于表面而且难以长久而深入地持续下去。

俄罗斯的叶卡捷琳娜女皇曾经问在俄法战争中立下赫赫战功的库图佐夫将军，为什么他能够在上流社会如此受欢迎。库图佐夫将军在写给叶卡捷琳娜女皇的回信中，非常自豪地说道："您问我靠什么魅力凝聚着社交界如云的朋友，我的回答是'真实''真情''真诚'。"

库图佐夫的确是一个非常善于社交的人，就连很多西欧国家的王公大臣也和他交情匪浅，而这一切所依赖的就是他真诚的态度。

对于说话者来说，说话的魅力不在于把话说得多么流畅，不在于把话说得多么滔滔不绝，而在于体现出一种真诚的态度，在于能否把话说到别人的心坎里去。真诚的表达往往更让人舒服，更容易获得他人的关注和信任。著名演说家李燕杰说过："在演说和一切艺术活动中，唯有真诚，才能使人怒；唯有真诚，才能使人怜；唯有真诚，才能使人信服。"

北宋词人晏殊是一位神童，年纪很小的时候就已经名扬天下，十四岁就得以参加殿试。当时宋真宗为了试探他的才学，于是决定给他出一道难度很大的考题，可是题目出来之后，晏殊立即禀报宋真宗，坦诚自己在十天前就做过这样的题目。宋真宗听了非常感动，觉得对方没有隐瞒这件事，于是当场赐予他进士出身。

经过一段时间的考察，宋真宗又决定让晏殊辅佐太子。这让很多朝廷大员感到不满，他们觉得晏殊资历尚浅，不足以担此重任。但是宋真宗却说："近来，群臣经常出门游玩宴饮，唯有晏殊与弟兄们每日读书写文章，如此自重谨慎，难道不是最合适的人选吗？"群臣哑口无言，但晏殊在谢过宋真宗后，却坦然说出了心里话："其实我也是一个喜欢游玩的人，只是因为家里贫穷没有条件，如果我有钱，也会出去游玩。"宋真宗听了哈哈大笑，更加欣赏晏殊的真诚，于是更加信任他。

很显然，那些谈话真诚的人总是表现得自然和真实，而这样的人最容易让人放下戒备，更容易赢得别人的信任。那么什么样的谈话才可以称得上真诚呢？

通常情况下，真诚的话必须是坦率的表达，因此倘使我们想要让他人觉得自己是一个真诚的人，一定要尽可能坦率地对待别人，我们要尽可能表达出最真实的情感。如果我们对别人的工作不太满意，可以直接将想法提出来；如果我们无法解决某个问题，可以明确告知对方"我在这一方面还存在不足"。虽然坦率并不意味着我们在任何场合下都实话实说，但是只要我们尽可能将自己的真实想法说出来，就可以有效赢得对方的信任。

对于那些真诚的人来说，坦率是一个最直观的特点，也是一个最强的特质。他们在交流的过程中会给予其他人更为明确的暗示，也会向对方展示一个更加真实的自我，而这种真实性会让他们在交流过程中赢得更多的信任，也会让他们的话语产生更大的说服力和影响力。

除了坦率之外，尽可能说那些自己能够做到且愿意去做的事情，这也是展现真诚的一种方式，简单来说就是要做到言行合一。言行合一的关键就在于践行诺言，在于对自己说出来的每一句话负责到底。如果我们答应了别人的要求，就要努力做到；如果我们提出了某个主张，就要按照这个主张执行下去。只有尊重自己的话，只有践行自己的思想，我们才能够在交流的过程中产生更大的说服力。

有些人习惯了去说，而不是去做，因此经常会在别人面前说出一些非常漂亮的话，却从来没有按照自己所表达的那样去做，甚至刻意运用动听的语言来欺骗别人。这种人往往缺乏真诚的态度。

林肯曾在一次辩论中说出了这样一句名言："你能在所有的时候欺骗某些人，也能在某些时候欺骗所有的人，但是你不能在所有的时候欺骗所有的人。"对于那些言行不一的人来说，他们在言语上所犯的错误往往会让其他人产生防备心，从而会失去其他人的信任。

除了坦率和言行合一之外，我们还需要在说话的语气和态度上进行调整。那些说话自然，语气舒缓的人往往更让人感到舒服，这种状态下所说出来的话也更容易让人信服。比如英国首相丘吉尔就赞赏美国总统罗斯福是一个真诚的人，因为在双方进行会晤的时候，他发现罗斯福说话很温和，而且态度认真诚恳，表达的时候也很自然。

对于那些想要表现得更加真诚的人而言，一定要确保自己在说话和表达的时候能够兼顾到以上几个原则，这是我们确保话语真实性和说服力的关键。

2. 主动找话题，拉近彼此之间的距离

著名的化妆品销售员戴文·韦德曾经在2003年创造了每天卖出17套化妆品的纪录，很多人对此感到惊讶，为什么一个人可以拥有如此高效的销售业绩呢？而这种高效率的销售活动背后又拥有什么样的诀窍呢？

对此戴文·韦德笑着回应说："我并没有什么特别的秘诀，我也并没有比其他人拥有更好的资源优势，如果非要说有什么技巧，那么最好的技巧就是我总是想办法主动与那些陌生的顾客攀谈。"

戴文·韦德曾经多次在街上向路人推销自己的化妆品，很多人都非常反感这种营销方式。而戴文·韦德从来不会唐突地直接询问路人是否需要化妆品，更不会厚着脸皮直接介绍自己的产品。虽然他也知道每一个路人都可能是潜在的顾客，但也明白每一个人都会对陌生人心存戒备，越是直接询问和推销，就越容易引发他人的反感情绪。

所以他每一次准备和路人攀谈的时候，一定会先主动找一个话题，比如"先生，看起来您是要准备去外地啊，最近几天可能要下雨，最好带把伞""听说这边的地铁要改线路了，不知道是不是真的""最近的天气可真是糟糕，看起来还要持续几天呢""你的孩子看起来可真漂亮呢，她也是在附近上学吗"……

无论遇到什么人，戴文·韦德总能够巧妙地找到合适的话题来交谈，而且他非常善于观察别人的穿着、谈吐和神色，从而能够准确地猜测对方的职业、性格以及心理状态。

正因为能够准确挑起话题，他往往可以和别人进行愉快的交流，而这些交流往往会帮助他更好地接近那些陌生人，并为接下来的推销行动奠定基础。事实上，当双方交谈一段时间之后，很多人当场买下他的化妆品，而有的人则留下了联系方式，方便日后购买。而恰恰因为这样，才让戴文·韦德可以成为化妆品领域的"销售之神"。

现代营销行为的一个基本原则就是保持主动性，而这其实也是交际学中的一个基本原则。很多人总是期待着别人同自己说话，总是期待着别人能够关注自己。但事实上，他们这么去想，别人也同样或这样去想，这就导致了双方都保持沉默。就像一群互不认识的人一起坐车一样，如果大家都不准备开口说话，那么整个旅途就会显得特别安静。但是，只要有人主动挑起某个话题，就往往会引起其他人的回应，最终彼此之间就会越聊越热络。

心理学家认为这是一个非常正常的交际心理，毕竟每一个人都会对陌生的环境产生防备心理，而即便是熟人之间，在某些特定的情况下也会出现这种"大家都不开口说话"的尴尬情况。

而要想破解这种困局，要想让自己获得更多的关注，要想增加自己的存在感，或者希望与他人建立起更好的人际关系，最简单的做法就是主动与人交流。只有我们主动挑起话题，才能够借助话题来打破僵局，或者借助话题来拉近彼此之间的关系。也就是说，我们不要永远都想着让别人先开口，不要总是想着让别人来关注自己的存在，让别人主动来联系自己，保持主动出击的态势才能够拓展自己的人际关系。

不过主动交流并不是简单的主动开口说话，也并不意味着我们可以主动说任何话，因为主动挑起话题的目的是让双方针对这些话题进行交流，因此对于挑起的话题也应该有特定的要求，对于挑起话题的方式也有一定的要求。简单来说，在主动挑起话题的时候，我们需要掌握一些主动沟通的技巧。一个会说话、能聊天的人往往懂得把握各种技巧，懂得如何更加自然地引出话题，并且成功引起对方的兴趣和关注，从而提高互相交流的概率。

——主动提问

对于交流者来说，怎样才能更好更隐晦地引出话题呢？怎样才能更好地和对方说上话，并且成功引起对方说话的兴趣呢？

有一个最直接的办法就是提问，因为提问是交流得以展开和进行下去的重要方式。心理学家发现，人们对于问题的关注度要比正常的陈述更高一些。也就是说，当别人陈述一件事情的时候，我们可能会表现得无动于衷，但是一旦这个话题以提问的方式出现，我们会本能地开口想要进行解答。

比如我们突然就和某个朋友陈述自己多么喜欢吃西瓜，并且昨天在某家水果店一次性购买了五个西瓜的事情时，对方可能根本无心倾听，但是如果我们采用提问的方式进行交流："你吃过那家店的西瓜吗？味道真是不错。"效果可能就会更好，至少表达起来会更加自然。

很明显，相比于自说自话的陈述，直接对他人提出提问往往更容易引出"西瓜"这个话题。由此可见，提问是寻找话题、引出话题的一个有效方法，我们在日常交流的时候，可以非常巧妙地运用这种沟通技巧。比如"你上次的事情完成得怎么样了？""你的工作做完了吗？""我昨天看了一部电影，你看过没有？""你觉得今天会下雨吗？"通过提问的方式，双方的交流会变得更加自然和顺畅。

——寻找共性

当你想要和对方聊天，但是又不知道该说些什么的时候，就可以针对某件大家都关心或者与之相关的事情，寻找一个合适的切入点切入进去。比如你在路上遇到了一个不经常交流的同事，为了避免尴尬，我们可以寻找一些工作中的话题。

比如我们可以试探性地说一句："昨天公司开会了，不知道老板说了什么内容。"如果对方参加了会议，这个时候他就会礼貌性地说出开会的内容；如果对方没有参加会议但可能会对会议内容感兴趣，这个时候就会和说话的人讨论、分析会议的相关内容。

在主动寻找话题的方案中，寻找共性是一个非常有效的沟通方式，它可以让双方的沟通变得更为合理。

——积极迎合

主动寻找话题，并不是简简单单的开口说话，其目的是要让对方对自己提起的话题感兴趣，这就意味着我们必须主动去迎合对方的兴趣点或者擅长的东西。

比如当我们看到别人抱着一本书出现在电梯的时候，可以礼貌性地说一句："你怀里的这本书我也看过，非常不错。"这样就可能会抓住对方的兴趣点，接下来双方就可能会针对这本书进行更加细致而深入的探讨。当我们看到对方穿着银行的工作服时，可以主动聊一些银行方面的事情，比如主动询问对方是不是银行的工作人员，然后可以进一步提问："最近银行的利息是不是下降了？""银行最近有什么新的理财产品？"

相比于胡乱说一个话题，针对对方的职业或者兴趣爱好来挑起话题，无疑更容易引起对方的回应，而这也是拉近人际关系的一种重要方法。

无论是哪一种方法，为了确保达到更好的交流效果，我们在主动说话的时候，需要保持一种自然而然的状态，尽量多提一些生活化的话题，尽量找一些比较轻松的话题进行闲聊，并且要在交谈的时候表现更加随意一些。这样会让我们显得更具亲和力，也会掩饰掉自身渴望交流的痕迹，更会让谈话变得轻松自在。

3. 保持亲和力是接近他人的基础

如果让我们做出选择，那么是选择和一个面慈心善、语气温和具有很强亲和力的人交往，还是选择和一个表情严肃、语带威严的人交流？

相信绝大多数人都会选择前者，因为在大家眼中，那些具备亲和力的人往往更容易说话，更容易保持包容的态度。这种人在交谈的过程中不太斤斤计较，不太注重形式上的东西，我们在面对他们时更容易放下戒备，处于一个比较放松的状态，在交流的过程中更容易表达自己的想法。

而那些看起来很严肃的人，往往原则性很强，立场也比较坚定，他们常常会将各种话题看得非常正式，而且看起来并不乐于交谈，甚至可能做出一副拒人于千里之外的姿态，因此别人很难与之愉快地交流。

正因为如此，保持亲和力实际上成为衡量人际关系的一个重要标尺，虽然这个标尺未必完全合理，也未必能够反映出所有的人际关系状态，但是在大多数时候，亲和力的确是提升人际关系的一个重要保障。

那些脾气很好、待人亲和的人，总是更容易受到他人的欢迎，他们在群体中的地位和形象往往也比较高；而那些严肃、给人以强大压迫感的人，虽然可能具备一定的威严，但是在处理人际关系方面可能会显得有些过于僵硬和刻板，人际关系也往往比较糟糕。

提起苹果公司，很多人首先想到的是乔布斯而不是库克，毕竟在多数人眼中，乔布斯就是苹果公司的代言人，不过一个不可忽视的事实是很多苹果员工并不喜欢这位代言人。原因很简单，乔布斯的脾气不好，而且总是轻易就和员工发火。很多内部人士说，他们都非常害怕和乔布斯说话，害怕做报告，甚至害怕和乔布斯一起坐电梯，因为乔布斯总是会用那种带有杀气的语气说话，"别告诉我这很难""我不知道你是否用心工作了""这就是我要求你做到的，所以别给我找什么借口""我不想听到你说'做不到'"。

在谈话的过程中，乔布斯基本上不会有太多的好脸色，向来追求完美的他几乎就是员工眼里的恶魔，员工们不太喜欢乔布斯那种盛气凌人、充满指责的声音。曾经负责设计手机的工程师戴维说过一件事，有一次，他和乔布斯探讨设计方案，结果自己一连给出三种设计方案都被乔布斯否定了，乔布斯还非常不客气地说："戴维，别告诉我你这几个月就弄出了这么一些破烂。"戴维几乎被吓瘫。

不可否认的是，乔布斯在管理上的确具有非凡的天赋，但是在人际交往上，他的确称得上是劣迹斑斑，很多员工曾表示不想和脾气暴躁的乔布斯共事。与此不同的是，他们更加喜欢现任总裁库克，尽管库克在带领苹果公司方面欠缺乔布斯那样的影响力，可是对于员工来说，库克就是那种愿意与之相处的好上司。

很多接触过库克的人都知道，库克在与人交际的时候总是习惯性地保持微笑，说话非常和气，根本没有什么架子，也不会无缘无故发脾气。实际上库克原先帮助乔布斯负责营销工作，因此非常善于与人交流，也能够保持很强的亲和力，因此在处理内部关系方面，库克的确要比乔布斯高明得多。

亲和力往往是人际关系的一面镜子，可以比较准确地反映出自己在社交圈中的形象。不过所谓的亲和力并不是单纯的妥协或者毫无原则，而是一种更具人性化和感情化的交际策略，而且亲和力往往是由内而外的，而不是一种表象上的伪装。通过一些更加亲和的表达，通过一些更具柔性和人性化的话语，说话者更容易创造一种相对愉快的交流环境。

不过要想保持亲和力，要想让别人觉得我们具备平易近人的特质，要想通过更为温和的表现来赢得关注，我们需要在谈话的过程中注意一些细节。

——语气要尽量温和

对于任何人而言，温和的话语代表了更多的尊重以及更大的沟通空间。语气温和的人往往给人一种容易亲近、充满友爱和仁慈的感觉。多数人在面对温和的人时，往往更容易放下戒备，并且表现出愿意与之交流的想法。

——主动关心别人

对于多数人来说，具有亲和力的声音通常与充满爱心有关，因此主动说一些关怀别人的话，往往可以给人带去温馨的感觉。比如当别人心情不好的时候，主动询问对方"是不是遇到了什么烦心事"；下班后遇到别人，可以关切地问"你吃过晚饭了吗？"；当天气变冷的时候，可以对对方说一句"天冷了，注意保暖"。

对于那些主动关心别人的人，他们往往会在别人心中留下一个非常好的印象，他们的个人形象也会和"好人""和蔼可亲"等联系在一起，这样就为他们拓宽交际之路奠定了基础。

——尽量包容别人

对于那些不小心伤害自己的人，如果我们能够说一声"没关系"；

对于那些意见与立场与我们不同的人，如果我们能够说一句"你们说得也很棒"，相信一定能够在别人心中树立很好的形象。很显然，多数人都喜欢那些胸怀宽广的人，喜欢那些具有包容心的人。而对于那些能够在言语中表现得更加大度一些的人来说，他们的包容性言论同样会给自己的社交带来巨大的帮助。

——保持言语上的低调

一个亲和的人绝对不会说"这件事只有我才能搞定"，或者说"我才是你们最需要的人"。为了赢得更多的信任和支持，他必须给所有人创造一种相对舒适的语境，所以当他决定表达自己的观点时，一定会显得更加慎重和低调："我觉得你们做得非常好""我希望有机会可以向你们请教一下"。越是保持言语上的低调，越容易让人觉得亲切感十足。

对于那些试图打造一个更宽更广更优质的朋友圈的人来说，他们必须降低自己的姿态，必须想办法表现得更加聪明、更加灵活、更具魅力才行。这是他们获得他人尊重和信任的前提，而保持亲和力让他们在开拓和维持人际关系方面占据了很大的优势。

4. 把认真倾听当成一种习惯

1998年，哈佛大学的布莱恩教授随机对730名路人进行了采访，并与他们就日常生活方面的事情进行交流，结果发现大约有690名路人表现出了强烈的表达欲望，有一部分人则喜欢在布莱恩说话时插入一些自己的话，只有不到20名路人愿意认认真真地听他把所有的话说完。

到了2003年，布莱恩又对采访类节目、选秀类节目中的选手进行观察，发现多数人都具有自我展示的倾向，他们往往陷入"谁比谁更能说，谁比谁说得更多"的怪圈之中。布莱恩发现这些选手几乎都不了解别人说了些什么，就开始予以激烈的反驳，或者说在别人还没有说完之前就急不可耐地想要说出自己的话了。

2005年，布莱恩在哈佛大学的话语课题研究中提出了"倾听行为日渐衰亡"的观点。他认为在过去的几百年时间里，美国人一直都在寻求一种表达与倾听的平衡，很多人都愿意花时间听一听别人说了什么，但现在这种沟通艺术已经慢慢失去了土壤，大家开始缺乏这样的耐心。

布莱恩教授的观点并不是个例，实际上无论是日常交流，还是工作中的必要沟通，我们都容易失去最基本的沟通准则——倾听。从另一方面来说，在日益追求自我表达的今天，我们常常会陷入话语权争夺的恐慌中。我们每一个人都太想要表达，太想要证明自己，以至于忽略了一点：别人同样需要表达。而当大家都抢着说话时，倾听就成为一个最大的问题。

有人曾经将这种情况形容为"语言营销"，就像是商家推销自己的产品一样，他们通常专注于打广告和各种宣传，却往往忽略了与顾客进行互动交流，也忽略了倾听顾客内心真实的想法和需求。对于习惯采取"语言营销"方式交流的人来说，往往无法和别人建立起真正愉快的交流，尽管他们误认为那很愉快（这种愉快建立在自说自话的基础上），但实际上这样的谈话或者交流并不长久。当你害怕或者不屑于倾听别人时，往往也会造成更为僵化的交流局面：别人也不想倾听你说话。

事实上，倾听更多时候是我们拓展交际圈，或者赢得他人好感的一个重要方式。至少从沟通的角度来说，这是一种赢得他人信任和尊重的一个常用技巧，尽管多数人容易忽视这一点，但是它在人际互动中所扮演的角色以及发挥的作用不可小觑。

20世纪90年代，我的朋友小李曾经去拜见皮尔卡丹的中国市场负责人之一诺兰先生，准备和对方商谈合作事宜。但是那一天，诺兰先生并没有将他带去办公室，而是去了一趟王府井并在一家餐厅里聊天。

当时，小李想要尽快帮助公司搞定这笔生意，因此连双方合作的相关资料以及合作方案都准备妥当了，就等着诺兰先生开口谈论这个话题。可是不知为什么，尽管诺兰先生非常健谈，但是那一天关于合作上的事情他几乎什么也没说，全部都是谈论自己对于北京的看法，全部是一些有关北京的天气、城市、环境、生活方式等与工作毫无关联的话题。老实说，小李有些心急如焚，但是并没有冒冒失失地开口，而是非常礼貌地保持耐心，认真倾听诺兰先生的每一句话。

双方聊了三个小时之后才起身，小李看到一整个下午都没什么收获，不免有些失落。然而，就在他准备上公交车离开时，诺兰先生突然拉住了他的手说："先生，我想接下来我们可以花几分钟时间聊一聊合作的事情。"

小李有些惊喜又疑惑地看着对方，而诺兰先生则微笑着解释说："你是我这个月见到的第十一位潜在合作者，但你却是唯一一个愿意听我讲一个下午废话的人。"这个时候，小李真的非常庆幸自己一直都在保持倾听的姿态，因此最终代表公司获得了与皮尔卡丹公司合作的机会。

很多时候，我们都忽略了倾听的作用，也许多数人都愿意将不想倾听归结为"没意思""听不懂""不如自己说"等原因。通常情况下，我们更希望自己成为那个传播信息的主导者，成为引人关注的对象。但是，如果我们想要了解得更多，就必须发挥出倾听的优势。需要注意的是，在日常的交流过程中，我们对于信息的掌握多数时候都是由倾听而来的，这是充实个人信息库，并且扩充知识点和话题的一个重要方式。

此外，作为人际关系的一个解码器，倾听往往会让陌生的人际关系慢慢拉近距离，会让原本亲近的关系变得更具信任感。毕竟通过倾听我们能够了解别人的想法，能够了解别人的性格特征，能够更好地把握别人关注的焦点是什么。对于日常交流而言，这种做法至关重要，它确保了我们能够更好地处理彼此之间的关系。

美国的IG公司是一家发展速度很快的服装公司，仅仅成立4年时间，年营业额就已经突破了2亿美元，而这一切源于公司给所有的职员提出了这样一条奇怪的要求：

听一听顾客们说了什么，然后听一听他们想要说些什么，最后听一听他们究竟还能说出一些什么。

按照公司的规定，员工在与顾客接触的时候，员工们要尽可能地少说话，然后听听顾客们的意见和建议，弄清楚他们的真实需求，最后将这些信息反馈回来。可以说，正是因为善于倾听，IG公司顺利掌握了消费者的心理和需求，同时也因为保持良好的沟通姿态，赢得了消费者的信任和欢迎，最终提升了产品知名度。

　　无论是工作中，还是生活中，这种倾听的方式都会让我们赢得更多的关注，一旦我们展示出了这种主动性和迎合性，对方通常也愿意保持良好的沟通态度。从这一方面来说，倾听更多时候是一种态度，无论我们是否真的了解对方说了什么，无论我们是否真的可以理解对方话里的深意，只要展示出了倾听的姿态，我们同样可以受到对方的尊重和信任，而这恰恰是双方彼此信任并建立稳定关系的一个良好开端。

5. 用礼貌用词来武装自己的话

在生活和工作中，往往会存在一些说话很不讲究的人。这些人可能本性并不坏，但是往往会因为说话过程中表现得不够礼貌而遭人嫌弃。这样的人往往不注重讲话的质量，不注重交流当中的礼数和一些最基本的原则，因此说起话来往往显得有些过于自我和生硬，而这不利于他们拓展或者维持相应的人际关系。

虽然在日常交流的过程中，人际关系并不完全是通过礼貌性的交流建立起来的，但实际上还是有助于促进人际关系的稳固以及交流的深入。那么我们在日常生活和工作中，在日常的交流中该如何让自己的谈话变得更有礼貌呢？

第一，不要忘了使用尊称。在日常生活中，一个人在展示自己礼貌的过程中，最明显的就是对他人的称呼。那些讨人喜欢且彬彬有礼的人，往往会非常殷勤地以尊称来打招呼。比如很多人在见面打招呼的时候，会直接说："喂，好久不见了。"而有礼貌的人会说："李叔叔，好久不见了。"

同样地，当别人有事请教的时候，有的人会直接说："你有什么事情吗？"而有礼貌的人会说："是张阿姨啊，您有什么事情吗？"虽然说话的内容是一样的，但是加上了尊称之后，别人会觉得你更加亲切，更有教养，这样一来就更容易赢得他们的信任和欢迎。

  福特汽车公司的创始人福特，深受他人的尊敬。福特公司曾经是美国最大的汽车制造公司，但即便是这样，福特依然非常低调亲和，非常尊敬公司里的一些老员工。其中有位老员工叫皮诺尔，福特每次见到对方都会尊称对方为"皮诺尔叔叔"，这让对方感到欣慰。

  在对待其他人的时候，福特同样如此。正是因为福特总是表现得礼貌而富有教养，大家都愿意和他交流，也都愿意为他卖命工作，因此福特公司成为当时世界上最大的汽车制造公司，也是内部最融洽的汽车公司。而且，员工的跳槽率在整个行业内几乎是最低的。

美国作家爱默生说过："看看别人是如何称呼你的，你便能够知道对方是怎样一个人，而他的道德修养究竟达到了什么样的水平。"所以对于任何人来说，如果想要在别人面前留下更好的印象，要想获得别人更多的信任，那么就不要忘了给他人留下一个尊称。

第二，记得说"你好"。"你好"可能是使用率最频繁的一句话，无论是和陌生人打招呼、和客人接触，还是和同事不期而遇，我们都可以用这样一句话作为交流的开始。对于那些善于交际的人来说，他们常常会借助这句话来建立和维持社交关系，尤其是在一些陌生的环境中，这让他们在人际交往中更加如鱼得水。

被称为"汽车销售之神"的乔·吉拉德是一个非常优秀的销售人员。作为曾经吉尼斯世界纪录大全认可的世界上最成功的推销员，他从1963年至1978年总共推销出13001辆雪佛兰汽车，并且连续12年荣登吉尼斯世界纪录大全世界销售第一的宝座。他所保持的世界汽车销售纪录：连续12年平均每天销售6辆车的惊人纪录，至今无人能破。

那么为什么乔·吉拉德能够获得如此大的成功呢？原因就在于他是一个处理人际关系的高手，他非常善于和那些陌生的客户交谈。

比如，在每一次与人见面的时候，他总是会率先开口打招呼，说一声"你好"；在打电话的时候，他同样会先说一句"你好"。这样的交流方式往往可以有效缓和别人的防备心理，而且也更容易为双方进一步的交流打好基础。所以乔·吉拉德在寻找客户、拉拢客户方面总是要比其他人做得更好，而这为他的推销业务奠定了基础。

事实证明，经常打招呼的人，往往都具有良好的人缘。一句简单的"你好"，听起来有些微不足道，但是可能会换来对方善意的回应，接下来双方很有可能在此基础上谈论天气、谈论食物、谈论股票和教育，谈论各自的工作。可以说，在"你好"的基础上，双方可以寻找到各种交流的可能性。

第三，多说"谢谢"。在人际交往的过程中，经常会出现一些互动，比如相互帮助，或者相互谦让，又或者某人的行为对其他人造成了影响。在这样的情况下，一旦他人直接或间接地对我们产生了影响力和作用力，那么就可以客客气气地对其他人说一声"谢谢"。

比如帮助别人捡起掉在地上的文件，帮助别人打开电梯门，或者在会议上支持和赞扬了某人的提议，这些行为都会对受助对象产生积极的影响力，这时候受助对象就可以用"谢谢"的方式表明自己的感激态度。

很显然，说一声"谢谢"往往可以进一步拉近彼此之间的关系，同时也体现出了一个人最基本的涵养。很多人觉得他人帮助自己是理所应当的，因此常常会忽略这两个字，但是一旦别人意识到自己的善意得不到回应，那么下一次可能就不会再主动帮忙了，而我们也会因为自己的傲慢和失礼行为遭到他人的孤立。

第四，犯错的时候说一声"对不起"。在所有的沟通话语中，我们通常会觉得说声"对不起"是最困难的，毕竟在大家的惯性思维中，谁也不愿意承认错误，谁也不愿意将自己的错误展示出来，即便我们意识到了自己的过错，也会选择沉默或者掩饰。

国内著名心理学家戴玉华教授曾经做过一个实验，她在实验中刻意制造了一些意外小冲突，包括撞到别人，打翻花瓶，不小心将水泼到别人身上，等等。在接受实验的400个人当中，大约只有30%的犯错者会主动向别人说"对不起"。

戴玉华教授认为这种不好的现象可能与从小的教育有关。比如在孩提时代，我们就因为害怕犯错会遭到父母的打骂而选择三缄其口，甚至拒不承认自己犯了错，更别说主动道歉了。这种自我保护的方式可能会影响到日后的成长以及为人处世的方式。其实说一声"对不起"不仅表示我们有勇气面对自己的错误，也会给别人发出一个善意的信号，这会让犯错者保持一个更加正面的形象，也有助于犯错者更好地融入自己的社交圈中。

除了以上一些常用的礼貌用词之外，还有其他一些词同样可以运用到谈话之中，这些礼貌用语都是我们日常生活中最常见的，但同时也是最不应该被忽视的。如果说一个人的礼貌体现在细节表现上，那么将这些看上去微不足道的礼貌用词用在谈话中就是体现细节的最好方法，它们能够体现出一个人的性格和为人处世的态度，能够展示出个人的修养和境界，只要运用得当，它们会成为自我展示、自我包装的重要方法。

6. 同情心是拉近关系的重要方法

在佛教典籍中，有个叫阿那律的人一直喜欢研究佛学，不过因为长年看书，他的眼睛竟然看瞎了。佛陀非常同情他的遭遇，并亲自劝慰他，甚至亲自为他穿线缝衣。阿那律大受感动，并且询问原因，佛陀淡淡地说："同情别人本就是我的责任。"阿那律从此更视佛陀为善主，于是潜心修佛。

卡耐基说，每一个心怀同情的人都值得别人的尊重："明天你所要遇见的人，有四分之三为了同情而饥渴，给他们同情，他们就会喜欢你。如果你拥有某种权力，那不算什么；如果你拥有一颗同情心，那你就能获得许多权力也无法获得的人心。"

每个人都会遭遇到一些不如意，都会有陷入困境的尴尬时刻，在这个时候，也许人心是最脆弱也是最需要别人安慰的。这种需求实际上就为其他人的交际提供了一种思路，那就是给予同情，就是在言语上去保持对受伤者的理解和照顾，就是对受伤者的遭遇感同身受。同情或许改变不了什么，它不一定会使弱者的境况变得更好，但是在对话中保持同情心，往往可以在对方最困难的时候送去温暖和力量，而这恰恰是拉近彼此关系的一个最好时机。

比如在日常生活中，当某人的事业陷入低谷时，如果有人给予他更多的安慰而不是落井下石，那么双方的关系会因此得到很大的提升；当某人遭遇到不公平的待遇时，我们如果能够感同身受，而不是加以排斥，那么对方一定会对我们的善意给予正面的回应。

很显然，当我们能够给予那些受到伤害的人一些言语上的帮助，一些言语上的支持，那么就有助于双方建立起良好的社交关系。同情心所展示的就是一种迎合性的态度，它是建立在那些受到伤害且渴望获得支持的人的意愿的基础上的，保持这种迎合性有助于我们更好地靠近对方。

那么该如何表达自己的同情心呢，又该如何让受到伤害的朋友接收到这份同情心呢？

首先，我们要懂得倾听，倾听受伤者的倾诉。倾听往往是表达同情心的第一步，也是最重要的一步。当对方希望排遣心中的郁闷或者获得某种精神上的安慰时，保持倾听的姿态有助于我们在对方心中树立起良好的个人形象，有助于提升相互之间的感情。

　　米开朗琪罗早年学画，但是作品一直没有受到别人的重视,而且画法上也难以获得太大的突破。很多人都讥讽他只是一个浪费笔墨的低级画师,为此他非常苦恼。

那个时候,他只能每天去街口找人倾诉,结果只有坐在街口摆摊的哑巴愿意听他诉苦,对方虽然不会说话,但是每一次都非常认真地听米开朗琪罗把话说完,之后用手拍拍他的肩膀。就这样,一连好几个月,哑巴都听他把话说完,而米开朗琪罗对他也越来越信任,甚至有空的时候还帮他卖东西。

后来,米开朗琪罗在不懈的努力下获得成功,在绘画、雕塑领域都大获成功,并成为文艺复兴时期最伟大的艺术家之一。在声名显赫之下,他没有忘记当年同情自己的哑巴,继续同对方做朋友,而这段真挚的感情一直维持到双方去世为止。

其次,主动关心对方,并站在对方的立场上说话。事实上,通过倾听,我们可以了解对方心中的痛楚,也能够了解发生在对方身上的那些糟糕情况,并想办法进行开导。这种开导通常具备一些特点:鸣不平、主动安慰、表达帮助的愿望。

"鸣不平"实际上指的就是站在对方的立场上说话,尽可能维护对方的立场和利益,比如当对方遭到不公平待遇的时候,可以这样向对方表态:"我非常同情你的遭遇,他们怎么能够这么做呢?"或者将心比心地说:"我也遭受过同样的待遇,所以我非常理解你的愤怒和痛苦。"

"主动安慰"主要是指针对对方遭受到的一些不顺，进行一些言语上的安慰和劝告，以期能够抚平那些伤害。

美国富豪卡恩曾在2008年的金融风暴中损失了45亿美元，这样的损失几乎让他倾家荡产，他也因此生病住院。

当时很多人都避而远之，只有公司的一个小职员每周定期来医院看他，并且安慰他说："我知道那是一种非常糟糕的感受，所以还是希望你能够尽快好起来，我想您的事业一定会重新好起来的。"

后来，卡恩重新崛起，并且在2014年重新进入40亿美元的富豪行列，这个时候，他邀请那个职员担任自己的私人助理，并且给予了丰厚的报酬。

"表达帮助的愿望"意味着一种好的表态，意味着一种心意，尽管我们并非总是有能力去帮助那些需要帮助的人，但是在恰当的时机，通过在言语上表达类似的想法往往能够让人更加温暖。

比如当对方陷入困境后，即便是有心无力，我们也不妨说"看到你这样，我真的想要帮你一把""真的不忍心看到你这样，可惜我什么也做不了""你可以告诉我，看看我有什么能为你做的"，通过这些发自内心的一些简单表达，我们往往可以将自己的同情心发挥到最大水平，也能够给予对方最大的宽慰。

最后，保持一颗真心。无论是倾听，还是表达自己的安慰，最重要的都是要保持一颗真心。毕竟同情是一种爱的表现，而这种爱必须是最真实的一种感情流露，是最真挚的一种情感表现。这些情感无论是一时冲动，还是产生持久的共鸣，其本质都是一种心灵的互动，它不该是旁观者对受伤者高高在上的心理姿态，不应该是用来展示自己优越感的手段，也不是用来赚取换取利益的工具。

无论如何，善良不是用来经营人际关系的筹码。如果我们想要表达自己的同情心，就需要切身感受别人的痛楚，并给予必要的安慰和帮助，这一切都是出于爱的表示，而不是一种利益交换和投资。

第三章 这样说，人人都爱听

1. 幽默的话语往往更具魅力

在日常交流中，我们往往会兼顾信息表达和自我表现两个方面的任务。信息表达主要是为了完成信息传播的工作，而自我表现则更加侧重个人形象的展示。对于多数人而言，他们更希望展示自己的形象，也就是说，在交流的过程中，可能自我表现会占据很大的成分。

在进行自我表现的过程中，最重要的一点就是吸引别人的关注，而这种吸引往往在于说话者的谈话方式，对于那些谈话技巧高超的人来说，往往可以让自己更受欢迎。

那么什么样的技巧更容易让我们受欢迎，什么样的谈话技巧会增强话语的吸引力？对于多数人来说，那就是幽默。很显然幽默的人往往更受欢迎，幽默的话也往往更具有吸引力，而且听起来也让人感到非常舒服。

幽默往往能够展现出一个人的交际能力，能够展示一个人的修养和品位。事实上对于那些幽默的人来说，他们善于调动交流的氛围，而且能够以更加轻松自然诙谐睿智的姿态去面对别人。而这样一来，一方面他们证明了自己是一个随和的人，没有架子，没有脾气，很容易与人相处。

另一方面，幽默的表现让他们看起来气场十足，自信满满，他们懂得在什么时候抓住别人的眼球，懂得在什么时候活跃气氛。正因为如此，这样的人往往更受欢迎。

不过幽默并非是单纯地将一些笑话和一些搞笑的事情简单地表达出来，真正的幽默是一种高明的沟通方式，是一种表达的有力武器。而想要形成独特的幽默感，想要让自己的话变得更加趣味，说话者可以使用一些简单的语言技巧。

——恰到好处的自嘲

对于那些善于利用幽默的言谈来活跃气氛的人来说，他们往往不缺乏自黑、自嘲精神，尽管他们有时候喜欢开别人的玩笑，但是为了不至于让他人感到尴尬，开自己的玩笑就成为一个常用的方法。

自嘲者往往会对自己的职业、长相、性格、穿着打扮，或者个人面临的困境进行自黑式处理，以一种另类的贬损和嘲笑方式来凸显出自己某些特点或者尴尬处境。

阿里巴巴的创始人马云曾经在达沃斯论坛上与众人分享自己早年的学习经历，其间提到了自己曾两次被高中拒绝，三次未能考上大学的不光彩经历。当别人问他接二连三被拒绝对人生产生了什么影响时，马云故作严肃地说："影响就是我习惯了被拒绝。"这句话一语道出了创业过程中的艰辛。而这样的"自黑精神"让人见识到了马云的魅力，大家觉得他不再是那个高高在上的"中国首富"，而是一个非常实在的平凡人。

很显然，与那些处处维护自己、处处给自己脸上贴金的人相比，自我解嘲的人往往显得更加谦和有魅力，别人也更容易接受他们。

——夸张的肢体语言

幽默并不是一种口头表达的专利，很多时候，我们可以在说话的时候，配合一些夸张的动作来增强幽默感。

"股神"巴菲特有一次去参加电视节目，主持人曾担心巴菲特过于严肃而放不开会影响录制效果，但是巴菲特在节目录制中却非常懂得配合主持人营造轻松幽默的氛围，不仅一改往日学院派的谈话风格，还不时做出一些喜剧演员才会做的动作。比如当主持人问他在面对较大的投资亏损时，巴菲特露出了一个非常惊恐和沮丧的表情，还将双手紧紧压住心脏，这个夸张的动作和表情惹得台下的观众捧腹大笑。

事实上，相比于语言表达，肢体语言往往要更加丰富一些，尤其是在营造幽默气氛的时候，有趣的语言表达可能会让人更加直观地感受到幽默的效果，但是夸张的肢体语言则让整个幽默表达得更加充分、立体和深入，而且更容易让人印象深刻。

——适当地进行曲解

幽默不仅仅是讲一些有趣的事情，很多时候还在于对某一件事的解读进行曲解，从而达到一定的"笑果"。

有一位老板曾经在会议上大声斥责办错事的下属，并且扬言再也不想见对方的面了。第二天老板重新叫这位下属到办公室里做汇报，可是当下属进入办公室之后，一直背对着老板说话。老板见了非常奇怪，于是有些生气地说："我让你来做汇报，你为什么总是背对着我？"

这个时候下属故意非常委屈地说："哦，是这样的，昨天您不是说再也不想见到我的面了吗？那现在我有什么法子可想呢？只好请您见见我的屁股了。"老板听了这样的解释之后，扑哧一下笑出声来，于是打算不再追究昨天的事情。

——积极乐观的态度

对于幽默的人来说，他的内心往往是积极乐观的，哪怕有时候他会刻意表现出沮丧的一面，但事实上他根本没有将那些烦心的事情放在心上。真正幽默的人，他总是会表达一些更加正面的想法，总会将各种不利的因素以更加轻松的方式进行转化，这种转化往往和一颗强大的内心有关。

俄罗斯的富豪摩尔拉夫·基里连科曾经在投资中亏到倾家荡产，当时很多人为此感到难过，他们担心基里连科会想不开，但是他却非常淡定地开玩笑说："这并没有什么，就像我妈妈那些天抱怨的一样，我们什么时候可以像过去一样生活，她的确是一个非常怀旧的人。好吧，我现在已经做到了这一点。"

这样的谈吐让人感到钦佩。而事实上，基里连科很快就抓住了发展的机遇，东山再起。

其实，除了以上几种技巧之外，谈话者还需要注意自己说话的内容，还可以改变自己说话的语调，或者采取一些另类的表达方式将所要说的话表达出来。而对于多数人来说，无论是哪一种技巧，只要能够让谈话变得趣味十足，变得更加幽默，往往便可以营造良好的聊天氛围。

2. 多一点赞美，少一点批评

在日常生活中，我们常常对一些犯错的人提出批评。毕竟在很多时候，我们无法容忍身边发生一些不好的事情，并且会想办法杜绝再次发生类似的事。在这个过程中，我们会习惯性地对犯错者施加压力，对一些自己无法接受的事情提出质疑。

但实际上，在整个交际过程中，批评在多数时候都不是一个更好的处理问题的方法，不是一种更好的交流方式。反之，赞美可能是一种更好的表达方式。

成功学导师拿破仑·希尔早年丧母，由父亲一手带大。由于父亲工作很忙，而拿破仑·希尔又不像其他孩子一样有母亲来管教，因此变得非常调皮，经常在学校和家里搞一些恶作剧。父亲是一个非常严格的人，对拿破仑·希尔的幼稚做法非常不满，因此经常当面进行批评，并且非常失望地说："你将来注定什么也干不成。"父亲的责骂让拿破仑·希尔更加破罐子破摔,而这样一来,连兄弟姐妹和邻居也渐渐对他表现出了鄙夷的神色,大家都在议论这个不学无术的孩子。

后来拿破仑·希尔的父亲再婚了,并且将继母带回家和孩子们见面。继母进屋后非常热情地同所有人打招呼,孩子们也都进行了礼貌的回应,只有拿破仑·希尔露出一副漠不关心的样子,既不打招呼,也没有任何微笑的表情,而是双手交叠在胸前,摆出一副拒人于千里之外的表情。

父亲见到他的姿态后大为不满,于是对继母解释说:"这就是拿破仑,是希尔兄弟中最坏的一个。"实际上这样的讽刺和批评,拿破仑听得多了,他根本就毫不在乎,也不会因此而生气。眼下父亲当着继母的面这样数落自己,拿破仑觉得可能眼前的这个女人也会和其他人一样将自己当成一个笨蛋,一个不懂礼数的混账小子。她难道会好好对待一个调皮的继子吗?拿破仑不敢有什么奢望。

正当拿破仑以为继母会和其他人一样在脸上露出那种厌恶的表情时,对方却微笑着将双手放在他的双肩上,然后非常柔和地说道:"这是最坏的孩子吗?完全不是。他恰好是这些孩子中最伶俐的一个。而我们所做的一切,无非是把他所具有的伶俐品质发挥出来。"

这样的赞美是拿破仑从未听到过的,所以他几乎有些不敢相信自己的耳朵，心里慢慢对这位继母产生了好感。而事实上，在之后的日子里，继母没少关心拿破仑，并且经常给予他赞美。这让拿破仑信心倍增，并且下定决心要好好学习，改正恶习，最终他在继母的教导下成为世界级的名人。他成为成功学导师之后，将继母当年的技巧传授给了更多的人，那就是在交谈中多一点赞美，少一点批评。

很显然，相比于批评，赞美更容易被人接受，而且也更容易活跃交流的气氛。所以在与人交流的过程中，我们应该主动去赞美别人，主动去挖掘他人的优点，毕竟赞美的话几乎人人都爱听，有时候哪怕大家都知道那只是一些客套话，但是多数人仍旧会感到开心。正如英国社会学家卢科所说："这个社会需要我们给予更多的褒奖，而它也需要更多的褒奖。"

既然赞美如此重要，那么我们该如何去赞美别人呢？该如何成熟地运用赞美的技巧来赞美他人呢？这些赞美主要包含在以下几个重要的方面。

——善于发现

真正会说话并且把话说到别人心坎里的人，往往善于迎合别人，这种迎合很多时候建立在了解的基础上。比如对于很多家长来说，他们经常觉得孩子不听话、学习成绩不好，因此在进行管教的时候，会觉得孩子一身都是毛病，责骂自然也就不可避免。

但是聪明的父母不会抓着孩子的缺点不放，而是主动去挖掘孩子身上的优点。也许孩子的体育很不错，孩子在音乐上面很有天赋，孩子的动手能力很强，孩子具有非凡的创造力……通过挖掘，父母能够找到赞美的切入点。

其实任何人身上都有优点，也都有缺点，我们不能紧紧抓住别人的缺点不放，不能仅仅对别人的缺点进行批评，而需要放宽胸怀，去挖掘别人身上的优点，并对那些优点进行赞美和褒扬。美国总统罗斯福说过："一个真正高贵的人，他善于发现别人身上的优点，哪怕只是一点点。"同样地，俄国作家高尔基也认为："哪怕是一个最坏的人，他的身上也总会有一两个闪光的点值得夸赞。"

所以当别人都在数落他人"这不行""那个不会""一无所用"的时候，我们不妨这样鼓励对方"这项工作你完成得太棒了""你比我想象中的要更加出色"。

——善于转化

没有人会是完美的，我们或多或少都会表现出一些缺点，但是找出缺点并不意味着我们就要义无反顾地进行批评。实际上没有多少人喜欢听到批评声，所以当别人都在对某人的缺点进行指责的时候，我们更要谨慎处理，如果有必要的话，我们可以聪明地对那些缺点进行转化。

比如对于调皮的小孩子，我们可以夸赞他们足够聪明；对于那些其貌不扬的女性，我们可以夸赞她们成熟有气质；对于那些行事比较冲动的人，我们可以适当赞美他们的个性；对于那些经常失败的人，我们可以称赞他们懂得坚持。

对于会说话的人来说，没有任何事情是绝对化的，他们也不会贸然地对某一个人、某一件事、某一个特征进行定性，而是想办法进行转化和包装，从而确保把批评的声音降到最低，把赞美的意味更充分地展示出来。

——适当客套

当我们对初次见面的人不够了解的时候，可能就需要借助客套话来进行赞美，尽管客套话并不能做到足够的真诚，但是在人际交往当中还是一种非常重要的形式，可以确保我们维持住最基本的交际氛围。客套话虽然不完全是真话，但是却展示出了良好的姿态，展示了一种迎合性。

比如初次和某个重要人物见面，我们可以这样说"我早就听说过你的大名，也早就想来拜访你了"。又比如对于那些相貌中等的人，我们可以直接称呼对方为"帅哥""美女"。这些话未必真的完全代表了我们心里的想法，也未必真的符合现实情况，但是对于听话的人来说，这样的赞美同样会让他们觉得很舒服。

虽然赞美很有必要，但是推崇赞美并不意味着就要无底线地进行赞美，说话的人需要明确一些基本的原则，比如赞美要言之有物，在具体指出对方的优点时，不能空洞地表示"你很棒""你真的非常出色""你真的让人刮目相看"；赞美有时候也需要大致符合事实，不能完全偏离实际情况，一个人连最基本的小事也做不好，我们如果还要夸赞他动手能力很强，这就有些过分虚伪了。

除此之外，赞美虽然让人动心，但是也要把握时机，比如某个老板正在批评某员工，这个时候就不方便对那个员工进行赞美了。

还有一点也非常重要，那就是在赞美的同时，不能完全忽视批评的作用，不能为了赞美而放弃批评。毕竟在很多时候，为了确保制度和规则的权威性，为了提醒和惩罚那些犯错的人，说话者还是应该拿出一定的立场和原则，该批评时还是要拿出自己坚定的态度有针对性地提出批评。

3. 必须批评时，先做好自我批评

很多人在批评犯错者时，往往会将自己打造成一个审判者的形象，会将自己打造成一个纠错的角色，这也就导致了他们常常拿出一种高高在上的姿态，总是用那些相对直接的语言进行对话。

而这种方式往往会让很多犯错者的内心产生抗拒，即便他们可能在表面上听取意见，但是内心深处可能并不认为自己是错误的。有时候，直接批评他人还会引起对方的反抗，从而造成双方的对立冲突，这并不利于问题的解决。

毫无疑问，在批评他人的时候，批评者需要掌握一些沟通的技巧，一旦方法不当，往往会使受批评的人出现抗拒和心理失衡的表现，这样就会让彼此之间的关系变得更加尴尬，而批评也难以达到应有的效果。那么怎样进行批评，才会确保犯错者更加心甘情愿地接受批评者的意见和建议呢？

明朝政治家于谦是历史上有名的大清官，曾经立誓要"粉身碎骨浑不怕，要留清白在人间"，并且一生都为官清廉正直。不仅如此，他还要求自己的家要知法守法。有一回他的一个表亲来投靠他，可是没几天这个表亲就在酒肆里饮酒时与老板发生了激烈的争吵，并且还动手打伤了老板。

事情很快闹到于谦的府衙里，于谦于是亲自审理这个案件。当然，他并没有因此徇私，而是想办法弄清楚来龙去脉。在得知自己的表亲因为揭穿了店家老板用水勾兑假酒的恶行后，气愤地找店家理论，并且一时没有控制住自己的脾气，动手打了老板。

当案情逐渐明了之后，于谦当着原告、被告以及诸多围观的百姓，说了这样一番话："今天之所以会发生这件打人的案子，主要责任在我，首先是因为我没能管好亲戚，以至于这个亲戚仗着官势打人，从而做了违法乱纪之事，这是我所犯下的第一条罪状。其次，这里是我管辖的地方，身为地方官，却没能阻止不法经营的出现，这显然是因为我自己管治无方，这是我的第二条罪状。"

接着他向在场所有的人道歉，并且自动停薪半年，将朝廷所发的这半年俸禄全部捐给围观的百姓。等到做好自我批评并处理完自己的"罪行"之后，他才回到堂上审理打人案件。当天他依照大明律例对自己的表亲和老板分别作出惩罚，而两人见到于谦竟然因为这件事批评和处罚了自己，心里非常愧疚，于是纷纷表示服从审判结果，并且当庭和解。

在如何批评他人的事情上，于谦显然给所有人做了一个好榜样，他所采取的方法是，先拿自己的缺点和错误做引子和铺垫，以自我批评的形式来缓和犯错者的防备心。这样一来，对方就不再认为批评者是有意刁难自己，而他们在情感上也更容易接受这些批评。

这种在批评别人之前先做好自我批评的方法，往往能够达到有效沟通的目的。有一位哲学家说过："在受众对象眼中，我们的任何一次批评，都注定会有失公允。"在接受批评的人看来，我们在批评的时候往往会加入自己的情绪和原则，尽管这些原则完全符合律法和道德，但是仍旧缺乏足够的说服力。正因为如此，想要借助批评来说服和教育他人，往往会遭遇对方的反抗和抵触，而批评者先进行自我批评则可以适当地减轻犯错者的戒备和抵触情绪，引导对方主动、积极地意识到自身的错误，并最终改正这些错误。

其实批评的目的在于使犯错者意识到自身的错误，而不是为了批评而批评。只有帮助对方充分意识到自己的过错，才能帮助他们改正错误并避免下次犯下同样的错误。而批评者进行自我批评往往可以在道德层面给犯错者施加一定的压力，从而更好地让他们消除自身的逆反心理和对抗情绪，并引导他们一步步跟着批评者的言行主动意识到自己的错误。

不过，自我批评并不是一种纯粹为了作秀，批评者不能为了引导犯错者而故意给自己强加上一个罪名，也不能为了批评而刻意为难自己。实际上自我批评表明的是一种态度，但更是一种自我约束、自我改正的力量，批评者的目的是让犯错者意识到自身的错误，并接受自己的批评。

对于批评者而言，他们必须明确一点，那就是自己在这件事（错事）中扮演的角色是什么，自己是否尽到了这个角色所要尽到的责任，自己是否是一个彻彻底底的局外人。如果自己无法完全和整件事脱离关系，也没有尽到自己的责任，那么就不要把所有的责任推到那些犯错者身上。他们必须勇敢地站出来指出自己的责任，必须勇敢地承担相应的过失，明确告诉那些犯错者："我也有很多地方做得不够到位""由于我在监管上的疏忽，才导致了问题的出现""都怪我事前没有把事情交代清楚"，这些自我批评往往可以产生一个好的榜样，大家会纷纷明确和"追究"自己的责任，会纷纷表示自己也存在过失。

通常情况下，这种自我批评的方法特别适合团队交流，尤其是当团队中某项工作没有完成时，管理者完全可以采取这种方式来强化每一个人的责任与义务，确保问题能够及时得到解决，并保证下一次不会出现类似的错误。

自我批评并不意味着将所有的错误和责任大包大揽，一旦将所有责任自己一肩承担下来，那么就会导致其他犯错者逃避责任的情况发生，这对于问题的解决和预防根本没有任何好处。对于批评者来说，他不仅需要自我批评，更需要明确每一个人的责任，而且需要明确谁的过失最大，谁的过失比较小。因此，我们在利用自我批评做好铺垫之后，还是要注意对主要责任人提出批评，确保整个沟通的完整性。

4. 把拒绝说得更加婉转一些

英国著名作家萧伯纳某次收到一位陌生小姑娘的来信，小姑娘在信中说了这样一番天真无邪的话："您是一位令我最折服的作家。为了表达我对您的敬仰，我打算用您的名字来命名我的小狮子狗。它是我过生日时亲戚们送给我的。不知尊意如何？"

萧伯纳看了信件后，立刻就被孩子可爱的言行打动了，他知道孩子对自己并没有什么恶意，来信也谈不上什么侮辱，只不过是出于一种简单的喜欢罢了。不过把人的名字套用在狗身上，多少有些勉为其难，也不够道德。

当然萧伯纳也没有直接拒绝这个小家伙，而是在回信中非常温和地给出了一点建议："亲爱的孩子，读了你的信，颇觉风趣盎然，我赞同你的打算。但是，最主要的一点，你务必和小狮子狗商量一番。"萧伯纳并没有直接和孩子讲不能给狗取用人名的大道理，以免因为自己的直接拒绝而伤害到孩子，所以选择了一种委婉、幽默的方式来拒绝孩子提出的请求。

很多人会使用一些非常生硬的语言来表明自己拒绝的态度，比如当某些人做一些违背我们个人原则和立场的事情时，我们通常会表明自己的态度："不行""你这样做不对""我不想蹚这趟浑水""我不会帮你的""我无法接受你的请求""我不想帮你做事""我们不适合在一起"。

从心理学的角度来说，这是一种明显的自我保护和区分意识，这个时候我们会习惯性地保护自己的立场和想法，并坚决地以此来区别自己和其他人的行为，而这种自我保护意识往往会让双方的冲突直接对立起来。

拒绝一些自己不擅长的事情，拒绝一些自己认不清或者可能会对自己造成不良影响的事情，这些无可厚非，因为我们每个人都在按照自己的标准和原则行事。但是拒绝实际上也需要讲究策略和技巧，毕竟拒绝往往会造成双方交流上的障碍，对方可能会觉得你对他有什么看法和意见，可能会觉得你在刻意为难和排斥他，而这样就容易对相互之间的关系造成很大的伤害。

所以在拒绝别人的时候，一定要想办法进行调整，尽量避免让口头上的表达变成一种立场或者情感上的冲突。那么对于那些想要拒绝别人的人来说，必须弄明白自己该如何拒绝别人，该如何更加温和地拒绝别人，以确保双方的关系不会因此而受到损害，不会让自己的言行伤害到对方。

心理学家认为，最合理的拒绝方式主要分为两种，一种是刻意转移话题，另一种是利用沉默的态度让别人知难而退。这两种方法往往能够尽可能淡化立场上的对立，而这才是最合理的拒绝方式。而在具体交流的过程中，这两种方法可以适当进行拓展。

——寻找借口

如果有人请求我们帮他做一件事，但实际上这样的事情可能会给自己的生活或者工作带来影响，又或者违背了我们的立场和意愿，这个时候我们没有必要直接表明自己"不感兴趣"或者"这不是我的责任"之类的态度，而是客客气气地给对方一个更加巧妙的回应："是吗？我倒真的想要帮你做点什么，可是真不凑巧，我还有一些重要的私人事务要处理，真的帮不了你了。"

有家公司准备将销售区域进行调整，当时很多基层管理者都主张调整，但是有一部分人明确表示反对。销售部的总经理麦克先生知道董事会的多数人都不太赞成，而他本人也倾向于继续维持现状。有一天，那些主张调整的基层管理者邀请麦克前去商议调整办法，麦克知道如果自己同意他们的意见，很有可能会得罪董事会，而且也会影响公司的销售情况，可是不同意的话又会得罪众多的基层管理者。

为了解决两难的局面，麦克想出了一个办法，他在接到电话后这样说："今天吗？恐怕不行了，我正在医院里看病呢，医生说我的喉咙里长了个东西。"事实上麦克有着多年的扁桃体炎，所以他很自然地用这样的借口敷衍过去了。由于麦克没能出席会议，那些人也没有形成一个统一的调整意见，最终作罢，而与此同时他们也没有将问题怪罪在麦克身上。

事实上，相比于直接拒绝，适当寻找一些巧妙的借口，往往可以更好地消除双方潜在的误会，因为提供一个借口往往可以有效转移双方之间的矛盾，使我们巧妙地躲避了对方施加的压力，避免给出一个更为明确的态度，或者避免了将自己的反对意见直接表达出来。

——转移目标

在很多时候，别人通常会提出一些我们不想回答的问题，会让我们做一些不想做的事情。为了避免继续受对方的"骚扰"，为了避免自己感到为难，我们可以采取转移话题的方法来解决自己遇到的问题。

比如当别人询问我们是否看过昨晚的歌唱比赛时，不喜欢歌唱节目的我们可能并没有多少心情同对方讨论这些话题，而且也担心对方会喋喋不休地将这个话题深入下去。当然我们不好意思直接说出"我对那些比赛根本不关心"之类的话来拒绝。

为了不让对方觉得拒绝很生硬，我们可以巧妙地做出回应："是吗？我昨晚早就睡了，看来你昨晚睡得很晚嘛，那你是不是每天晚上都那么晚才睡？现在工作那么忙，最好早点睡。"这样一来，就将对方的话题成功进行了转移，将其转移到睡眠和工作问题上。

转移目标不仅仅在于对话题的转移，有时候也可以对谈话对象进行转移，比如当我们不想帮助某人做某件事，或者不想卷入某个话题之中时，可以这样告诉对方："你说的那些事我不太擅长，如果你想要解决问题或者获得什么更加好的建议，我觉得你可以找其他人去咨询一下。"通过这种提示，我们可以将"麻烦"转让给第三方手中。

——寻找替代性方案

当对方提出一个我们无法接受或者无法理解的问题时，我们如果无法寻找到借口，或者不方便对这个话题进行拒绝，不妨想办法转换思路，寻找一个更加合理的解决方案。

如果对方想要按照方案A行事，那么我们可以在对方的想法和自己想法的基础上提出一个更加折中的方案B，然后告诉对方："你也可以这样做，我觉得这也是一个不错的方法。"这种表达方式主要表明一个态度：我未必反对你的意见，也未必就支持你的想法，但我乐于提供一个可行的替代方案。

——沉默和迟钝

心理学家莫洛克在他的《有效拒绝》这篇文章中曾经提到了一个非常巧妙的拒绝方法，那就是刻意保持暂时的沉默，或者刻意对他人的话表现出迟钝的反应，这两个方法实际上是一种非常微妙的暗示，借机展示出自己的态度，但又不至于在言语上直接拒绝而得罪别人。

莫洛克建议我们在处理那些为难的请求时，不想明确表达观点，也就是说不想直接告诉对方自己想要怎么样，或者不想怎么样，而是刻意在对方提出请求后保持沉默，然后也可以故作迟钝地做出回应："这个……这个嘛……让我想想办法""嗯……这个……我觉得……是"。通过这种不确切的、含糊闪烁且停停顿顿的言辞，我们可以隐晦地表达出自己的为难之处，相信对方也会很快明白。

以上几种方法都是非常巧妙的拒绝方式，也是日常交际中比较常见的技巧，其主要目的不仅仅是明确自己的立场，更在于创造一种更为融洽的沟通方式，确保对方不会因为我们的拒绝而心生不满。所以我们在拒绝别人的时候，一定要注意自己的态度和言辞，不要急于表明立场，更不要急于撇清关系，而要尽量保持一种温和的关系，这样更便于问题的沟通和解决。

5. 注意使用抑扬顿挫的声调

在2015年的时候，有一次李雷应邀去客户的公司考察，恰好碰到了一位部门经理正在发表讲话，出于好奇李雷就坐在旁边听了几分钟。事实上，在李雷的印象中，管理者的讲话多数时候都是沉闷刻板的，他们一上台也无所谓什么节奏不节奏，直接拿着演说稿念起来。考虑到这些演说大都是讲述会议内容而非什么励志的讲话，多数人也能够理解，因此并不会有太多的期待。

李雷坐下来听了两分钟后，就被对方的演说给打动了。尽管对方所说的都是一些商业性的、管理上的内容，但是不知道为何李雷就觉得他的声音特别好听。这个演说非常动听悦耳，尽管那些演说内容同样是一些最基本的管理学知识和一些公司内部的训话。

听完演说后，已经过了半个小时，李雷却浑然不知。事实上哪怕是拿出最好的状态，李雷也很少能够像这次一样认真倾听领导的讲话那么长时间。至少在过去，任何一次公司内部的谈话都会让他感到无聊，但这一次他却对客户这样说道："这样的演说听起来就像是在朗诵最优美的散文一样。"

当然，李雷很快找到了其中的原因，那就是声调和节奏的变化。总的来说，那个演说者非常出色地控制了声调的起伏变化，同时将节奏调解得非常到位，这样就确保了他的演说非常吸引人，让人听起来非常舒服。

有关声调的调解和控制，往往会让我们忽略，至少在很多时候我们都是用非常平淡的声调说话，又或者像那些推销员一样会忍不住想要在一分钟之内说出200多个字，这样的讲话方式很容易让人反感。

如果我们能够转化一下风格，给自己的声音设定各种不同的声调，而且是依据演说内容、需求和进程来设定声调，这样无疑会让说话更加成功，也更受欢迎。

关于这一点其实我们从小就有所了解，为什么我们总是觉得幼儿园里的老师在讲故事和说话时，声音特别有吸引力，为什么我们都愿意听从他们的指导。而如果让父母讲故事，就会觉得这些故事突然没有了味道，我们甚至可能缺乏那样的耐心把故事听完。

那么为什么孩子会迷恋老师的声音呢？为什么他们更愿意模仿老师说话的声音呢？原因很简单，那就是老师在教小孩子的时候，会有意无意地运用抑扬顿挫的声调讲话，而这是提升语言魅力的一个关键因素。

如果家长们愿意认真花一点时间，听老师们讲课，就会发现他们的声音虽然未必具有什么磁性，但绝对让人听着很舒服。

英国牛津大学的科尔曼教授早就意识到了这一点，因此他特意花费了两年时间去幼儿园听课，并且还经常和不同的老师进行交谈，最后还对这些声调进行分解，以便进行分析和模仿。

他认为这些幼儿园教师很可能是世界上最成功的演说家，尽管他们的知识量很有限，他们的技巧也并不那么娴熟和丰富，一些老师的声音甚至略显稚嫩，但是凭借很好的语感和节奏，他们总是能够轻松地吸引他人的关注。

事实上，我们经常在谈论个人的谈吐与气质，毕竟影响气质的不只是个人的外表，还有我们说话的声音，好听的声音往往能够提升个人的气质，而一个气质高雅的人说话往往懂得抑扬顿挫。简单来说，那些善于把握人心的人往往会注重对声调、语速以及节奏的控制，他们会根据谈话的内容、场景、对方的心理和感情变化，做出相应的调整。

——调整语速

对于说话者来说，控制好语速是保持抑扬顿挫风格的基础，在谈论一些无关紧要的内容时，也可以加快语速；在讲到重点的时候，则要降低速度；在辩解或者争论的时候，不要过于激动，而应该保持正常语速，甚至可以适当缓慢一些。在与人交谈的时候，一定要注意不同的说话内容、不同的场景，从而通过合理的语速来表达自己的想法和状态，并以此来强化说话的魅力。

——注意声调

在谈话中，声调是一个很重要的表达元素，有些人不重视声调的变化，整个谈话下来都是保持同一种声调，结果由于缺乏起伏性和变化性而显得呆板，听众对于这种谈话往往会很快失去兴趣。比如在会议上，很多领导喜欢发表一些长篇大论，可是说话的整体风格显得非常拖沓烦冗，而且声音声调几乎一成不变，就像是在背书一样，这样的话语自然让人听得昏昏欲睡。

对于那些善于谈话的人来说，他们懂得把握和利用声调上的变化，比如在调动别人情绪的时候，可以适当提高声调；在陈述一些不太重要的信息时，可以保持正常语调；在表达悲伤的事情时，则会刻意降低声调。声调上的变化往往让谈话变得更具针对性和煽动力，对于倾听者来说，往往会听到心坎里去。

——控制节奏

很多人在谈话的时候具有很强的节奏感，他们知道在什么时候抑，在什么时候扬，什么时候要顿，什么时候要挫，通过这种节奏的把握，往往可以让谈话变得更加优美动人，可以让谈话变得更具层次感和说服力。掌控节奏不仅仅是控制语速和声调，还在于对谈话氛围、听众的情绪、谈话内容推进的整体掌控。

比如当气氛变得活跃的时候，节奏可以适当加快；当氛围变得紧张的时候，则会适当控制好节奏，让谈话变得舒缓一些；当气氛进入常态时，可以保持正常的节奏。通过松紧快慢的合理调控，谈话者能够掌控好整个谈话，并确保谈话内容可以被其他人更好地接受。

著名的演说家陈平说过："好的演讲往往需要一定的律动，哪怕是那些最朴实的声音，也需要把握好那些变化中的点。"事实就是如此，虽然谈话并不像讲故事或者念散文一样，需要照顾到情节的推进和结构的舒展，但是仍然需要做到有规律、有节拍、有韵律，也只有这样，我们才能够进一步提升语言的魅力和说服力。

6. 说话也要懂得八面玲珑

很多时候，我们会发现这样一种现象，当自己兢兢业业，按照规定办事的时候，常常不得人心，遭人怨恨；当自己同别人讲原则，讲道理时，往往被对方嗤之以鼻；当我们坚持按照自己的立场说话时，常常被人误解为包庇其他人；当我们说出自己真实的想法后，常常在维护某一方的同时得罪了另外一方人。我们自以为一直都是按照某一个原则、某一种标准说话办事，却常常遭到别人的误解和排斥。

其实，这里往往涉及一个最基本的交际话题：变通。

关于变通，国内著名的演说家陈德义教授曾经谈到这个话题，他特意告诫那些刚入职场的年轻人："无论说话办事，我都不主张死守某个道理，事实上任何东西只要上条上框，上纲上线，只要白纸黑字到处张贴，那么必定会丧失掉一些人性化的东西。我们不能草率地评价这样做好还是不好，只不过坚守原则本身很有必要，但是具体操作起来，还是要由人去执行的，规定是死的，而人却是活的，所以我们既要懂得利用原则办事，也要懂得不能被原则所拖累和束缚住，不能因为过度坚持原则，而搞乱自己的人际关系，使自己被周围的人孤立起来。"

按照陈教授的说法，一个人在与人交流的时候，不要一味看重原则和立场，不要将立场当作唯一的标准和行事的准绳，凡事都应该保持弹性，都应该保持一定的灵活性。在面对不同的事情、面对不同的环境、面对不同的交流对象时，我们可以适当变更自己的原则，可以改变自己强硬的谈话姿态，尽量做到一时论一事，一事论一时，尽量做到因人而异。

简单来说，就是要在说话的时候做到八面玲珑，见到什么人就要说什么话；要适当模糊自己的立场，尽量权衡和综合大家的利益。

陈树屏在清朝末年担任江夏知县，当时上司分别是湖北督抚张之洞，以及湖北抚军谭继洵，但是这两位上司向来就关系不和，经常明里暗里相互针对，谁也不服谁。身为小小的知县，陈树屏往往被夹在中间很难做人，他深知这两个人位高权重自己根本得罪不起，所以只能想办法在二人之间周旋，尽量保证讨好两边，又够保证两不得罪。

有一次，陈树屏在黄鹤楼宴请张、谭二人及地方官员，众人开始欣赏黄鹤楼前的大江美景。席间不知是谁突然好奇说："不知这江面到底有多宽？"很多官员都纷纷说不知道，毕竟大家根本无法凭借眼力来评估江面的宽度。

此时，谭继询端着酒杯脱口而出："我觉得是五里三分宽。"其实他也不知道具体的宽度是多少，只是大约估计了一下。原本不说话的张之洞听到谭继询的话后，也不甘示弱，大声喊道："明明是七里三分宽。"两个人很快争执起来，互不退让。大小官员都知道这两位领导都是信口胡说的，原本可以迎合着说"是"，但是如今两个人的说法完全不一样，这倒让官员们为难了，他们不知道做何评判，毕竟同意一个人就意味着得罪另一个人。

眼看着气氛越来越僵，陈树屏知道再这样下去，大家都会难以收场，于是灵机一动，从容不迫地说道："江面涨潮时宽是七里三分，而落潮时便是五里三分。张督抚是指涨潮，而抚军大人是指落潮而言。两位大人都没有说错，这有何可怀疑的呢？"

此番话一说出口，既没有得罪张之洞，也没有折了谭继询的面子。因此，两人都对陈树屏投去了赞许的眼光。

陈树屏所采用的这种说话方式，是协调人际关系且避免卷入争论之中的一个重要方式。其实，在日常生活中，我们经常会听见这样的赞誉："他在各方面的人际关系都很不错""他和谁都能够交上朋友""他是一个万人迷"，就是指在不同的情况下，面对不同的人，都能够做到应对自如。

在社会生活当中，保持原则和立场很重要，拥有自己的想法也很有必要，但是保持立场并不意味着我们就要说一不二，并不意味着我们就要按照固定的想法做出选择。其实没有任何一种规则应该是完全固定的，只要环境发生了变化，那么我们完全可以适当进行变通，至少在言语上应该做到通融。因此对于那些想要扩大交际范围，想要赢得更多尊重和信任的人来说，掌握一些说话技巧非常有必要。

——模糊立场

八面玲珑并不意味着我们就要用欺骗的方式对待每一个人，而是要求我们懂得去迎合每一个人，而这样做的前提就是要在话语中模糊自己的立场。比如从内心的真实想法来说，我们可能倾向于选择A，但是在面对A的时候，我们可以说："您说得非常好"，而在面对B的时候，我们要表态："我赞同您的看法""您的想法并没有错"。

这两种表态就是一种比较模糊的立场，毕竟说话者并没有直接对别人说"我想和你成为伙伴"以及"我愿意站在你这一边"之类的话，更没有直接说出自己的心里话"我坚定地站在A这一边"。对立场的模糊化处理，有助于我们更好地生存下去。

实际上，在生活和工作中，往往就是如此，我们有时候不得不在A和B或者C当中做出选择，不得不以自己的立场做出判断，但是选择了其中一位就意味着要得罪另外两位，而这样的选择对于我们来说都很不利。

因此一定要注意淡化和模糊自己的立场，一定要尽量避免过分亲近某一个人而疏远另一个人。

——不议论是非

对于那些善于变通的人来说，他们常常秉持一条最基本的原则，那就是不要轻易在人前对其他人做出是非上的评论，因为是非评论总是带有一定的主观性，而且会在不经意间透露出自己的立场和观点，这样对于那些立场不一致的人来说，就意味着敌对关系。

比如当A和B的谈话对C很不利时，或者A和B在一起批评C的行为时，C就有可能会将A、B当作自己的敌人来看待，C会觉得A和B是一路人，那么这样一来A的立场就容易被定性，他可能找到了一个志同道合的人：B，但也就此树立了一个对手：C。这对于A来说，在往后的工作和生活中可能会遭遇诸多不便。

因此，在日常生活当中，无论是谁都尽量少去评判他人的言行，即便是别人在那里闲言碎语，也要注意保持沉默、守口如瓶，千万不要轻易发表自己的看法和观点，以免贻人口实。就像别人在谈论某个对手人品不行、能力不行的时候，身为听众的我们要么转身离开，要么就一笑了之，而不要妄自做出评判。

——尊重别人

在人际交往中，往往存在一定的游戏规则，要想保持交流的舒畅，就必须按照这种规则行事，而在交际原则中，最大的一条法则就是尊重他人。这种尊重主要体现在尊重他人的话语权，尊重他人的观点，即便这些观点与自己的想法完全冲突，也不要急于划分立场，不要将对方当成敌人来看待。一个聪明人懂得在言语上缓和双方的对立关系，在表达自身立场之前，就会这样询问："你觉得怎么样""我想听听你的看法"。尽管很多时候，他们并不赞同别人的观点，但是仍然会客气地说："您说的也不无道理。"或者说"我会考虑您的想法和提议的。"

通过给予别人更多的尊重，可以有效避免出现立场上的对立冲突，从而确保两个立场不同的人在一起顺畅地交流，并保持良好的社交关系。这样做显然要比那些直接表明立场，并以立场区分敌友的做法更加高明。

当然，无论是模糊立场、不论是非还是尊重别人，其共同点都是尽量避免拿出一个非常明确的立场。正如卡耐基所说："我们的观点有时候非常重要，但我们要尽量将其看得无足轻重，因为对于其他人来说，他们只关心自己的观点能不能被认可，而不会看别人是什么观点。"正因为如此，相比于表明自己的原则和立场，我们更在乎的是如何去迎合别人的立场，并以此作为拓展人际关系的重要基础。

事实上，人生到处都充满了这些交流的游戏，而真正能够在游戏中生存下来并始终保持如鱼得水的状态的人，往往就是那些八面玲珑的人，他们非常了解自己的定位是什么，但更加知道自己该说些什么。尽管他们拥有自己的想法和观点，但是在表达的过程中，他们更愿意隐藏和掩饰，更愿意充当一个游走于各种利益关系中的平衡者。对他们来说，并没有什么人是真正和自己站在一起的，如果有的话，那么他们通常会表现出这样一种姿态：我愿意和所有人站在一起。

第四章 自我克制的说话艺术

1. 掌控情绪，保持风度

通用电气总裁杰克·韦尔奇一生很少犯错，而且在管理方面一直都得心应手，但是即便是这样一位管理大师也难免会因为情绪失控而犯错。有一次，他安排自己的下属戴维·默克策划一份新的方案。

当时，韦尔奇要求戴维在会议开始后的一周内交上方案，但是戴维却晚了三天，这让向来非常守时的韦尔奇非常生气，加上这个策划方案非常重要，韦尔奇认为戴维的延迟差点让企业错失机遇。当时戴维准备进行辩解，可是没说几句就被韦尔奇顶了回去，正在气头上的韦尔奇当面批评了戴维没有用心做事，还扣除了对方一个月的奖金，并且大声怒吼着让戴维滚出办公室。

事实上，戴维一直以来都兢兢业业，只不过在策划方案的那段时间内，他的小儿子在车祸中不幸遇难，内心悲痛的他因为心思不定加上要处理丧事而影响了工作。而当他被韦尔奇责骂后也自知工作状态不好，于是就提交了休假一个月的申请。但韦尔奇却误以为戴维是不满自己的指责，以长假作为要挟向自己示威，于是更加怒不可遏。因此当韦尔奇在收到戴维的申请书后，当晚就做出了一个决定：开除戴维。

戴维最终心灰意懒离开了通用电气公司，而韦尔奇在两个月之后才得知戴维儿子的事情，他觉得后悔万分，并当即打电话给戴维道歉，可是戴维此时已经成为其他公司的员工了。韦尔奇万万没有想到因为自己一时的情绪失控而伤害了戴维，最终导致自己失去了最得力的助手。

心理学家们发现，我们往往很容易就被自己的负面情绪所绑架，而愤怒则是其中最为常见的一种。比如著名的心理学家荣格曾经说过："情感是我们最重要但也是最脆弱的一部分，它的脆弱还会暴露出更大的缺点和不足。"对于多数人来说，情感都像是一把"双刃剑"，事实上几乎每个人都需要表达自己的情感，都需要依靠情感来生活，但是人们往往会失去对情感的控制和支配权，并且因此而产生一些不良的连锁反应。

事实上，情绪的失控往往会通过语言表现出来，比如当某人在言语上攻击我们的时候，我们可能会很快做出回击；当某人不小心伤害到了我们，我们同样会在言语上进行回击；当某件事情难以顺从自己的心意时，我们同样可能会与其他人爆发言语上的冲突。

这种感情的爆发往往都是一些不利因素引起的，而归根结底就在于我们不擅长自我克制，或者说我们在过度放纵自己的情感，并且缺乏合理的沟通技巧，这直接导致了我们错失解决分歧和矛盾的机会。

因此，讲话的人最好还是要保持镇定，无论面对什么样的情况，无论遭受何种压力，都要注意控制自己的情感，都要克制自己的言行举止，不要在口头表达上得罪别人。

比如有人在会议上批评你的方案"太幼稚，不够合理"，你的反应应该是"我希望您能够给我一点更好的建议"，而不是反讽对方："我觉得某些人也应该好好看看，自己写的东西有多烂。"在一些潜在的冲突中，保持言语上的克制和礼貌很有必要，否则我们可能会将一些简单的矛盾弄得更加复杂。

不得不说，在很多时候，我们总在低估愤怒带来的风险，甚至刻意运用愤怒的情绪向外界施加压力。这一点几乎在孩提时代就被熟练运用了，当我们想要获得自己喜欢吃的糖果而不可得时，就会利用愤怒、生气、歇斯底里来实现自己的要求，我们会迫不及待地大喊大叫，或者说一些过分的话。接下来我们又会从大人们的反应中获得一点提示：这些愤怒是被接受和纵容的，并且会带来最直接的改观——获得糖果。

可是一旦我们成长起来之后，面临着更为复杂的生活环境，这个时候就会发现自己的情绪失控不再受欢迎，就会明白自己的大喊大叫和坚决反击只会让事情变得更加糟糕。最终我们所受到的伤害会加重，人际关系也会因此而受到严重的损坏。正因为如此,我们在面对那些不利于自己的事情时,一定要保持克制,要确保自己的话语保持良好的风度。

事实上,在人际交往中,摩擦和矛盾常常不可避免,那么对于一般人来说,该如何让自己掌控好情绪,该如何让自己更好地应对一些外在的伤害呢?

——宽容

对于那些伤害自己的人来说,宽容是最好的武器,无论对方是有意还是无意,当我们优雅地说一声"这些都没什么"时,毫无疑问就已经将自己推到一个道德的制高点上。这样一来,我们的宽容和容忍确保了事态不会进一步扩大,而我们的修养也将让自己更容易赢得对方的尊重和外界的同情。

——冷处理

当双方发生矛盾冲突时,过分地为自己辩解和争执很可能会激化矛盾,因此最好的办法就是暂时搁置这个充满矛盾的话题,采取冷处理的方法。

比如当别人冲着你发火时,当别人在言语上讽刺你时,当别人因为某个话题而怒火中烧时,我们可以保持沉默,拒绝做出任何实质性的回应，甚至根本就不回答任何问题。这种处理方法可以将双方的情感爆发都压制在一个相对可控的范围内，从而避免更大的冲突出现。

——转移话题

如果我们无法寻找到更为合适的方法来说服别人，或者无法确保双方都能够心平气和地对待彼此之间的冲突，那么在矛盾被激化之前，最好想办法及时转移话题。比如当双方在某个问题上争论不休的时候，一方可以突然谈论双方之间某些有趣的话题来缓解尴尬气氛，或者提议双方暂时终止讨论，去做一些想做却还没有完成的事情。

——给对方更多解释的机会

当冲突发生之后，对方的情绪很有可能会变得非常激动，这个时候我们所要做的不是据理力争，不是试图在言语中压制对方的观点，而是要主动去倾听对方，去弄清楚对方的意思，并给予对方更多解释的机会。

我们需要克制住自己的情绪，并告诉对方："如果你有什么更好的观点，可以及时提出来，让我们坐下来好好谈一谈。"这种低调迁就的态度往往可以有效抑制对方的怒火，同时也可以让对方在解释的过程中获得更多宣泄的机会，这样就能够防止彼此之间的情绪突破临界点。

其实，无论使用什么样的方法，最重要的还是要求我们一定要保持一种淡然的心态，要尽量克制住想要去辩驳、去压制对方想法的冲动。毕竟一旦冲突出现之后，最应该做的不是去为自己争取什么，而是想着如何避免事态变得更加严重。

所以当我们遭遇一些不开心的事情时，不妨服一剂得道大师配制的一服绝妙药方："好心肠一条，慈悲意一片，道理三分，道德为先，敬人十分，诚信药引，老实一个，中直一块，豁达全用，方便不拒多少，此十味药，用平静锅炒，用宽容锅炖，不要焦，不要燥，去火性三分，不要激，不要怒，镇定数小时放理性盆中慢慢研究，三思为本，脚跟站稳，用清醒配制成药丸，放在坦然杯中，兑快乐汤服下，日日必服，不限时，不限量，随处可用。"

2. 不要总是在别人面前抱怨

有人问著名的哲学家亚里士多德："人身上最普遍且难以根除的缺点是什么？"亚里士多德想了想说："抱怨的习气。"在亚里士多德看来，人们似乎习惯了去抱怨，习惯了在自己不如意的时候从外界寻找各种借口，而这是很多人身上都有的不良习气。

比如当我们与别人发生冲突的时候，总是抱怨别人不尊重自己；当别人比我们更早获得成功时，我们会抱怨他人的外在条件比自己更好；当我们想尽办法也无法获得认可时，会抱怨自己没有受到应有的重视。

在生活和工作中，我们经常会自觉或不自觉地将所有的问题和责任推到外界因素上，我们会对一些不称心如意的事情进行抱怨。但反过来说，这些抱怨是否真的合情合理？我们所遭遇的这些不快，真的跟自己没有一点关系吗？

比如有很多职员经常会在工作中抱怨上司偏心，为什么那些和自己一起入职的员工可以比自己更早地获得升职，为什么那些比自己入职更晚的人反而拿到了更多的工资，为什么自己的工作始终得不到认可？

但事实上，上级就是按照最基本的绩效考核来发放工资的，谁的业务能力更强，谁做出的成绩更大，那么谁获得升职的机会就更大。抱怨者是否想过别人一直都比自己更加努力，是否想过别人的工作能力和工作成绩一直都要比自己更加突出？当他们在抱怨不公平时，却不知造成这一切的缘由在于自己还不够努力。

很多时候，问题就出在抱怨者自己身上，自己能力不济，态度不好，自然也就无法把握住机会，这和外界因素并没有多少直接的关联。如果抱怨者只想着让外界环境来迎合自己，只想着让其他人更加看重自己，那么实际上就会在抱怨的道路上越陷越深。

此外，还有一个问题需要引起重视，那就是抱怨真的管用吗？抱怨是否真的会带来什么改变呢？它是不是会让我们所遭遇的情况变得越来越好呢？

我们可以对那些习惯抱怨的人进行观察，发现他们通常都会在生活和工作中遭遇失败。因为这种人经常忽略自己身上的问题，而只会从外界寻找借口，他们缺乏积极性，凡事都不能乐观面对，这样无助于问题的解决和自己的进步。而且还有一点也很重要，通常情况下，没人愿意和喜欢抱怨的人多做交流，这样的人因为过于自我而容易在处理人际关系的过程中被他人孤立。

正因为如此，在面对一些不顺心的事情时，我们更需要提高自己情绪的门槛，并时刻告诫自己："这件事情影响不了我""这件事还不足以让我抱怨连连",我们需要静下心来分析问题,要懂得从自己身上寻找原因,而不是将愤怒的矛头指向其他人。只有克制自己的情绪,管好自己的嘴巴,心平气和地看待遇到的各种问题,才能够让自己在人际交往中更受欢迎,也才能够让自己真正获得提升。

罗尔邓先生曾经在微软公司担任部门经理,工作多年一直兢兢业业,而且还是跟随总裁比尔·盖茨的第一批员工。但是在2011年的时候,由于公司内部决定进行人事调整,他却被公司下放到另一个部门的主管位置上。听到这样的消息,罗尔邓先生有些生气和沮丧,所以他开始抱怨公司亏待老员工,并且开始消极对待工作。

有一天,他和朋友聊到这些事情,并且下定决心离开公司,因为觉得公司已经不再看重他的能力了。朋友见他如此失落,对他说:"我并不觉得这是坏事,或许你可以通过新的工作岗位来证明自己是足以应付任何一种情况的,或者你需要向老板证明自己是有能力留在这儿的。"

听了朋友的劝告后,罗尔邓先生决定先留下来上班。所以第二天,当公司正式下达更换岗位的通知后,罗尔邓并没有像其他人一样抱怨公司不公平,而是非常冷静地对老板说:"我接受公司的安排,而且我希望自己可以在新工作当中获得更大的锻炼,以及进一步提升自己的能力,从而保证将新工作做得更加出色。"

鲍尔默（微软总裁）听了罗尔邓的话，感到非常高兴。而停止抱怨的罗尔邓开始按照朋友的指示努力工作，并将新工作打理得井井有条。在半年之后，罗尔邓的业绩就排在了所有员工的前几位。没过多久，总裁就重新将他恢复原来的经理职位，并且给予了他更高的工资。

潜能大师安东尼·罗宾曾经说过一句话："解除痛苦的三个方案：不要抱怨他人，就算自己当年很悲惨，但是你抱怨于事无补；不要抱怨自己，抱怨是与过去有关系的，但是一点也没有用；改变自己对生活的设想，才可以真正解除痛苦。"在安东尼看来，抱怨根本无法真正解决问题，最好的办法还是保持良好的心态，接着努力想办法去改变现状。

所以当我们面对一些挫折时，不要总是在别人面前抱怨条件不好，抱怨自己受到了不公正的对待，抱怨别人没有给自己更多更好的机会，因为这些抱怨只会让我们变得更加怯懦，只会让我们失去更多的机会。如果我们能够改变心态，在困难面前表现出更大的积极性："我会尽量去改善的""我会想办法做得更好"，那么我们反而能够赢得更多人的支持和帮助，这对于我们来说，也是融入群体的一个重要方式。

3. 争议的话题最好少说一点

英国作家沃尔兹在他的《说话与人生》一文中提到了说话的方法和时机，在文中他给读者提出了一个建议，那就是"尽量少谈论那些富有争议的话题"。尽管争议性的话题会因为具备的这种不确定性和多种可能性而吸引更多人参与到讨论中来，但是在他看来，如果在一些公开场合谈论争议性的话题，或者在与别人交流的过程中过多地发表自己的看法，很可能并不是一种明智的做法。

虽然这样的话题具有很强的话题性，但是由于没有一个准确的定论，这样就会导致一个基本的问题：说话者所说的话不可能具有太大的说服力，因为别人很容易针对这些观点提出不同的看法。

正如沃尔兹所说："我们并没有做好这样的准备——去提出一些足以说服别人的观点，因此我们的谈话通常显得毫无必要。"争议性往往意味着说话者可能会因为自己鲁莽的发言而陷入争议之中，这样的话题很容易引起他人的误解，甚至可能引发反对者的攻击。

1978年，艾科卡离开了福特公司，当时他的职位是福特汽车公司的总裁，地位仅次于福特本人，而且正是因为他透过独具的市场眼光与销售方法，让福特成为全球数一数二的汽车霸主，可以说是劳苦功高，但是最终还是被公司辞退。

公司的说法是艾科卡与亨利·福特经营理念不合。但有内部人士称，是因为艾科卡能力太过出众，已经影响到了亨利·福特在公司内的影响力，因此亨利·福特才开掉了他。

艾科卡离开公司后，公司为了让亨利·福特免遭巨大的舆论压力，禁止员工在公司内部谈论这件事，也提醒内部人士最好不要向外界媒体透露与之有关的信息。一时之间，艾科卡的离职事件成了公司里最争议的话题，很多人都唯恐避之不及。

但是当时有个主管却将公司的警告当成了耳旁风。他在接受一家媒体采访时，提到了艾科卡的离职事件，而且还煞有介事地为福特的实际掌门人亨利·福特说好话，认为艾科卡有些自我膨胀，无法认清现实，总是想办法追求权力和地位，从而破坏了内部的合作氛围……这位主管的话，有明显贬低艾科卡而讨好亨利·福特的嫌疑，或者说他觉得自己可以通过舆论来给亨利·福特增加形象分。

但最终的结果是，这一次的访谈触犯了公司的底线，为老板增加了不必要的舆论压力。此外，这位主管的话，看起来是帮福特汽车说好话，但在外人看来却有越描越黑的嫌疑。正因为如此，福特要求公司立即撤掉这个主管的职务。

事实上，那些争议的话题往往具备诱惑力，这种诱惑力决定了它容易被人提起，但从交流的角度来说，这种诱惑力往往应该控制在学术研究方面，而不是日常生活交流当中。因为争议的话题很容易卷入无休止的争吵，或者会让争论双方快速形成立场对峙的冲突状态。正因为如此，对于一个聪明的谈话者来说，他们会尽量避免谈论这些争议话题，更不会喋喋不休地深入探讨下去。对他们而言，蜻蜓点水般地提到几句也就足够了，如果深入下去就会陷入更大的麻烦和争议之中。

所以，在面对一些具有争议性的话题时，最好还是保持谨慎的态度，避免将自己放到与别人对立的立场上。

对于任何一个人来说，如果没有十足的把握和理由说服别人，那么与别人之间挑起的争论就是毫无意义的。而真正说服一个人需要非常严密的辩证体系，需要非常合理的论点和论据，也需要非常好的辩论技巧。在我们没有做好充分的准备之前，在我们缺乏必要的辩证能力之前，最好不要试图去挑起这些话题，不要总是牢牢抓住这些话题不放。

儒学大家孔子曾经说过一句话："毋意，毋必，毋固，毋我。"在他看来一个人在说话的过程中，尤其是遇到那些难以说清楚或者存在争议的话题时，一定要注意说话的方式。其中"毋意"就是告诫说话者不要进行主观臆测，如果对于事情缺乏考证，就不要以"我觉得""我认为"来进行描述。

"毋必"是说说话的时候不要给出绝对肯定的答案，毕竟当自己尚且不能解决争议问题，或者给出足够的理由证明自己的观点时，最好还是保留说话的弹性，以免引发激烈的观点冲突。

"毋固"是说人们必须突破自己的思维局限，这样一来就不会总是按照自己现有的知识框架来理解事物了。也只有实现突破，我们才不会轻易被束缚在自己的观点上。

"毋我"指的是保持包容的态度，不要把自己的观点当成唯一。而通过包容别人的观点，我们可以在交谈中缓和氛围，并慢慢赢得他人的尊重和认可。

其实，孔子所说的这八个字非常准确地指出说话者在面对争议性话题应该掌握的态度和技巧，那就是尽量不要过于绝对地宣扬自己的想法和观点，如果没有办法给出有足够说服力的观点，那么就尽量少说，以免让原本友好的交谈变成了争吵。

4. 尊重他人的表达权，不随意插话

2016年，美国诺伊公司召开了股东大会，当时股东成员多西与担任董事长的波克对于企业的发展方向展开了讨论。当时波克努力讲述公司未来的规划，并且对这些规划进行解释，可是多西总是不依不饶地捣乱，每次波克还没说上几句话，就被多西无礼打断，这让好脾气的波克怒火中烧。他愤怒地冲着多西大喊："你可以反驳我，可以攻击我，可以用任何恶毒的语言中伤我，但是请你不要在我说话的时候打断我，因为这才是对我最大的侮辱。"

多西很快被这样的话说得哑口无言，而且多西这种随意插话的行为让其他董事会成员也看不下去了。虽然波克提出的方案还是存在一些问题，可是多西的失礼行为更让他们所不齿。所以尽管多西拥有一个好的提案，可是却尽失人心，导致整个股东大会成员都否定了他的提案，最终董事会还是决定按照波

克的方案行事。

很明显，多西在占据优势的情况下输掉了这一场竞争，而主要原因就是因为没有懂得如何去尊重他人的表达权，最终激化了自己与他人的矛盾。

而在日常生活中，我们也常常会犯下多西这样的错误。无论是与人争论某个话题，还是闲聊，我们常常会不自觉地插话，对方一句话没有说完，对方想要表达的意思还没有表达清楚，我们就迫不及待地想要表明自己的态度，就想要说出自己的心里话或者立场。

这种交流方式往往和我们的习惯有关，比如很多人在与家人、朋友聊天时，比较随意，经常会在对方谈话的过程中穿插自己的话，甚至以插话的形式开玩笑。这种随意性很有可能会形成一种交流习惯，以至于当他们与其他人交谈的时候，也会在不经意间出现随意插话的情况。

也有一部分人存在强烈的表达需求，总是会不自觉地想要表达自己的观点，想要抢夺更多的话语权，这样就导致他们在交流的过程中经常插话，往往别人一句话还没说完，自己就已经迫不及待地要说出自己的观点了。

无论是哪一种情况，都是一种不礼貌的说话方式，毕竟无论是谁，都不喜欢别人在自己说话时横插一杠。想象一下，当我们兴致勃勃地谈论某个话题，并且发表自己的观点时，有人冷不防地说一句"你说的这个东西，我并不赞同"，或者插上一句"我知道这件事，我认为……"这显然会让说话者感到沮丧。

有些人将插话当成一种互动交流的方式，这无疑是错误的。事实上，随意插话会打断谈话者原有的思路，也会打乱谈话的逻辑，让好不容易堆积起来的情绪一扫而空。更重要的是对于谈话者来说，当自己的谈话被人随意打断之后，往往会产生一种不受重视、不受尊重的感觉，因此他们必定会产生反感和抵触。

据说苹果公司的创始人乔布斯就和部属约法三章："不要在我说话的时候打断我，想要提出什么意见，也必须等我把话说完。"因此，当乔布斯在演讲或者发表观点的时候，下属们通常都认真地听着，没有人敢随意插话。

无独有偶，诺基亚公司也曾有一个不成文的规定，那就是"等到别人把话说完之后，才能提出自己的意见"。

这两家公司都主张内部进行及时的沟通，都主张团队成员之间相互交流，但是这种交流并不意味着就可以随意打断别人的讲话，并不意味着可以在任何时候说出自己想要说的话。真正的交流不仅需要做到主动和及时，更需要重视顺畅程度。当一句话因为别人的打断而变得断断续续时，就会影响正常的沟通和交流。

所以，对于倾听者来说，必须适当克制自己的表达。当别人在发表观点的时候，当别人在谈论某一件事情时，倾听者无论是赞同，还是反驳，最好在别人完完整整地表达过想要表达的意思后，再表明自己的立场和看法。给予他人一个完整的谈话机会，这本身就是一种尊重和礼貌的体现，也是维持双方之间顺畅交流的一个基本原则。

而对于倾听者来说，必须严守说话的规则，必须尽量克制自己的表现欲望和一些不合理的说话方式。比如在别人将一段话说完，或者将某一个观点表达完整之前，我们最好不要插话；在别人描述某一件事的时候，为了保持这种描述的完整性，我们不要轻易插话；当别人说了一个我们不太赞同的观点时，我们同样需要保持冷静，等对方把话说完再进行反驳。

之所以要这样做，一方面是因为尊重对方的话语权，另一方面是因为方便我们在获得最完整的信息后做出针对性的回应，从而确保自己的话更具说服力和吸引力。

而反过来说，当我们懂得尊重别人的话语权时，别人也会尊重我们的话语权。当我们在表达的过程中，对方同样会给予足够的时间和空间，会让我们表达得更完整一些。如果我们不时地打断别人的谈话，那么当我们进行表达的时候，对方也会以同样无礼的方式打断，这样一来双方的交流也就无从谈起。

所以，在别人说话的时候适当保持沉默很有必要。当别人把话说完或者描述完一个重要观点后，我们可以附和着赞美两句，这才是真正的互动交流。或者说当对方主动提问或者让我们谈一谈相关话题时，我们才适合表达自己的想法。

5. 不要把话说得太满、太绝

中国人在为人处世的时候，往往讲究"三不"，即不失足于人，不失色于人，不失口于人，其中失口向来都是为人处世的大忌。就像我们平时所说的"祸从口出"一样，就是因为我们没有掌握好说话的方式，就是因为没有给自己要说的话设置好关卡，最终导致在言语上留下把柄。

那么在"失口"中，有一种常见的情况就是把话说得太满、太绝，结果断绝了回旋的余地，也断绝了自己的退路。

比如很多人明明能力有限，却要当着别人的面夸下海口，并立誓"如果完不成任务就自动离职"，结果等到他真的无法完成工作后，无异于让自己难堪；还有一些人说话太过绝对，认为自己掌控了一切，说什么就是什么，而忽略了一些意外情况的存在，结果当意外真的出现后，反而让自己无地自容。

228年，为了实现统一的梦想，诸葛亮率领蜀军北上伐魏，当时马谡主动请缨担任前锋。诸葛亮知道马谡很有才华但是没有领兵打仗的经验，实在有些不放心，结果马谡直接立下军令状，明确告诉诸葛亮"如果自己无法守住街亭，就愿意接受军法处置"。诸葛亮于是点头同意，但还是嘱咐他说："街亭虽小，关系重大。它是通往汉中的咽喉。如果失掉街亭，我军必败。"此外还特意指示让他"靠山近水安营扎寨，谨慎小心，不得有误"。

可是骄傲自满的马谡认为自己一个人就足以指挥士兵守住街亭了，根本没有将诸葛亮的话听进去，结果街亭失手，而马谡只能接受军法处置。事实上爱才心切的诸葛亮根本没有想过要处死马谡，可是因为马谡立下军令状在先，而且也向在场的军士立过誓，因此根本没有挽回的余地，在这种情况下，诸葛亮只能杀掉马谡。

类似于马谡这样的人，往往比较自大，对于自己能力的认识缺乏精准的定位，对于外在形势的估计也不足，因此说话办事容易托大，总是会将话说得太满，结果忘了给自己留下退路。

对于这样的人，在谈话或者表达的时候，一定要注意用词，尽量避免出现"唯一""必须""一定""只有""绝无"等词汇，因为这些词往往过于肯定和绝对，一旦说出口就可能会让整个句子变得缺乏灵活性和弹性。表面上看谈话者掌握了主动权，但实际上一旦出现意外情况，就会导致谈话者前后自相矛盾，陷入尴尬的境地。所以通常情况下还是要注意给自己留下一些回旋的余地和空间，而选择"可能""也许""大概""我尽量"等词汇则是比较合适的方法。

有时候，很多人把话说得太满并不是针对自己的能力，而是针对其他人，比如当他们与其他人发生冲突的时候，当他们与周边的人出现明显分歧的时候，就可能会采取一些比较极端的方式来沟通。

比如告诉对方"双方从此不必来往""我不会再来找你""我们不再有任何关系"，这些话往往比较决绝，缺乏弹性，一旦被毫不留情地表达出来，实际上既断绝了对方的路也断绝了说话者自己的道路。

但实际上彼此之间的矛盾并没有想象中的那么严重，只要彼此各退让一步，好好调解一番，就可以消除误会和矛盾。结果因为这样一句狠话而导致对方退无可退，最终只能保持敌对关系。

谷歌公司和苹果公司曾因为专利技术、人才、市场等因素而发生利益冲突，并且先后表态不再和对方合作，而要死磕到底。随着时代的发展，两家公司慢慢发现合作似乎比对抗更加有利，不过由于双方都把话说得太绝了，结果导致双方都拉不下脸来合作，最终在长达十多年的时间里都保持相互攻击的姿态，也因为如此，两家公司失去了很多发展和盈利的机会。

这种决绝式的沟通方式往往会彻底断绝彼此之间的关系，也会让双方彻底沦为对立者，对于个人的人际关系拓展和长远的发展非常不利。

所以，在一般情况下，哪怕面对重大的分歧，也应该想办法留下一些机会来解决问题。比如当谈判破裂后，可以和和气气地说："这一次未能和贵方谈拢实在非常遗憾，所以希望下一次可以取得令双方都满意的结果。"或者我们可以提醒对方："双方之间存在一些问题，但这些问题是可以得到合理解决的。"通过这种提醒，可以给对方发送一个比较积极的信号，确保双方不会出现更大的对立冲突。

当然，无论是哪一种情况，每个人在说话之前都要对自己的言论负责，都要对他人负责，因此要时刻注意克制自己的言论。为了避免人际关系陷入僵局，不要将问题看得太绝对，也不要把话说得太绝对，凡事要懂得留下一步退路，处处留下一些迂回的余地，就可以给彼此之间的关系留下了更大的空间。

第五章

有些话你绝对不能说

1. 背后伤人的话最好不要说

在生活中，总是有一些人喜欢在背后指指点点，这类人缺乏最基本的道德素养，他们的兴趣点往往在于揭露别人的隐私，只要别人身上有什么缺点，发生了什么不好的事情，他们就会在第一时间在背后进行宣传。或者说当他们认为某个人不好或者与某个人发生冲突的时候，也会想尽办法在背后说一些坏话。

而无论什么时候，大家都会对这种背后伤人的人感到厌恶，毕竟从沟通的角度来说，大家肯定更希望别人能够与自己坦诚相交，能够将所有的话放到台面上说清楚，哪怕是有什么怨言、有什么矛盾，最好也能够当面解释清楚。

有些人也许会说"我只是不想当面将矛盾激化罢了"，这样的话听上去有些道理，但实际上完全是一种错误的认识或者说只是一种拙劣的辩解手法而已。

事实上，一旦我们不想激化矛盾，最简单的方法有两种，第一种是面对面地来一次交心的对话，从而将所有的误解和矛盾全都说清楚；第二种就是保持沉默和宽容，让所有的矛盾冲突抑制在可控范围之内。而背后伤人并不是什么好办法，而是一种狭隘的、不道德的发泄方式而已，它不仅不能够缓和矛盾，反而会进一步激化矛盾，因为一旦这些背后伤人的坏话传扬出去，可能会增加自己与他人的矛盾。

社会学家认为，世界上任何两个人之间的距离不会超过6个人，这也就意味着整个世界的范围或者人际关系圈的范围其实是很狭小的，我们在背后说别人的坏话很有可能通过不同人的传播直接被受害者本人接收，这样就可能会造成严重的冲突。

在日常生活中，我们经常会看到这样的情况出现，当某个人在办公室里讨论某个人的糗事，或者说某个人的坏话时，这些坏话可能会一传十、十传百，最终传到对方耳中，而这个时候矛盾反而会迅速激化。

此外，背后说别人的坏话，通常会像谣言一样被扭曲掉，因为信息在传播的过程中容易受到个人主观情绪和想法的影响，这个时候坏话往往会越传越坏。比如当你在朋友A面前说"林先生上次开会时，偷偷早退了"。这句话可能会被传到朋友B那儿，并演变成"林先生开会的时候经常早退"；接下来，C会从B那儿听到这样的话，"林先生对老板不敬，从来不去参加他的会议"。传播者在表达和传播的过程中会不断按照自己的意愿和立场去更改意思，这样就导致后来的意思会不断被扭曲，不断被夸大，最终坏话的威力会越来越大，伤害也会越来越大。

对于那些在背后说人坏话的人来说，往往会将事情闹得更僵，会让原本存在的矛盾变得更大。而这种伤害还在于，当传播者在背后伤害别人时，其他人也会看在眼里，他们往往会对这种人避之唯恐不及，因为生怕自己哪一天也会成为对方攻击的对象。

正因为如此，每个人在处理人际关系的时候，一定要采取更为合理的沟通方法，对别人身上一些不合理的现象，我们可以直接与对方进行沟通；对于他人身上的一些缺点，可以采取更为包容的态度。无论何时何地，都要做到对事不对人，都要懂得去尊重别人，贸然在背后进行攻击，这往往是对自己道德修养的侮辱，也会对自己的人际关系造成很大的伤害。

2. 避免废话，浓缩就是精华

在过去几十年时间里，社会群体所面临的一个重要问题就是接收信息的量变得更多更大，而这样的信息量通常会制造很多麻烦。但多数人可能并没有想到更好的解决方法，也没有注意到这些问题对其他人造成的影响。不过对于任何人来说，信息的泛滥都会成为一个比较严重的问题，而且在日常交流中，这种信息一旦表现在口语表达之中，那么所造成的困扰可能更加让人印象深刻。

也许很多人没有想过这样一个问题，为什么有的人明明设计出了一个很好的故事，但是当这个故事被拓展成一段45分钟的演说时，我们会听得兴致全无？为什么那些喜欢长篇大论的领导总是被我们嫌弃？为什么我们总是反感那些数百字的忠告，而喜欢那些简单明了的激励口号？事实上，我们更加喜欢简单的东西，尽管我们很可能一直都在有意无意地将问题复杂化，将自己的表达复杂化。

但现实生活中，很多人都喜欢多说话，都喜欢说一些无关紧要的废话。在他们看来尽可能地与人交流，尽可能地和别人进行对话，有助于增强自己的存在感，有助于增强自己的影响力，也有助于传播更多的信息，但事实往往会适得其反。过多的废话和烦冗的语言会让说话者失去应有的魅力，因为没有人愿意花费更多的时间用来听一些没有多少价值的话。

曾经有人专门制作过一档专门测试销售技巧的节目，节目组专门派人对各个领域销售人员的销售技巧进行调查和分析，而在调查过程中，节目组发现了一个普遍存在的严重问题，那就是销售员更喜欢说更多的话来介绍自己的产品，尽管他们知道自己可能只需要用简单几个词就可以准确表达出来。

比如第一个是珠宝店的销售员，他在短短半个小时内，一共对顾客说了3542个字；第二个是一位衣服销售员，她在20分钟的时间内说了2907个字；第三位是一个面包店的服务生，也在5分钟的时间里说了504个字。在沟通和交流的过程中，他们都说出了很好的故事和理由，但交易的成功率并没有想象中的那么高。

主持人克里斯在评价这些销售员的能力时说了一句经典的话："我们正活在一个多嘴多舌的年代。"很显然，销售员通常会对自己的销售工作产生一个误区，他们会认为自己一旦说了更多的话，一旦和客户进行闲扯，就更有机会将产品推销出去。但是，他们忽略了一个重要的因素，那就是在追求快节奏消费的今天，人们可能不再像过去一样热衷于花上半天时间和业务员闲聊，他们更希望对方能够更快更直接地告知产品的相关信息以及应有的故事。这样就对销售活动提出了一个新的考验，那就是销售人员必须在短时间内介绍自己的产品，而不是说一些和产品无关的话或者是一些价值不高的废话。

其实这样的情况在生活和工作的各个方面都会遇见，哪怕是最简单的交流，也有可能变成一次烦琐的交谈，这对倾听的人来说往往是一种折磨。尤其是考虑到在很多时候，别人并没有多少时间和耐心倾听我们的废话。

在这种情况下，我们必须尝试着将不必要的信息排除在外，我们需要尽可能地减少那些废话，而与此同时还需要对那些最重要的内容进行精简和浓缩。

比如在日常工作中，我们需要同客户谈论合作事宜，可是一旦客户急匆匆地准备离开，那么我们就必须在他离开之前的短时间内将合作的相关情况和利益分成说清楚。又或者当我们精心准备一个大型项目的总结提案时，总经理突然临时要去开会，我们同样只有大约30秒的乘坐电梯时间来说明自己的提案。很显然，在很多时候，并非有充足的时间等着我们详细介绍某件事，我们必须懂得在最短时间内说出自己想要说的话。

在人际关系学当中，有一个著名的30秒电梯法则，意思就是说我们必须在坐电梯的30秒内将自己所要说的事情尽可能表达清楚，而这就需要出色的语言组织能力和精练能力。

如今有很多公司都会推行这一原则，目的就是培养员工的汇报能力和表达能力。电梯法则是一种非常出色的训练模式，它能够推升我们的语言精练能力，从而保证有限的时间得到充分高效的利用。

事实上，这一法则也在各个领域得到了延伸和演化，比如保洁公司要求经理们每天只写一页的备忘录，要求每一次的会议不能超过半个小时；好莱坞的制片人在会见剧作家的时候，可不愿意抽出多少时间来阅读剧本，他们只愿意给剧作家十几分钟时间讲述一个大概的故事结构。如果这十几分钟的时间里，剧作家能够打动制片人，那么剧作家将有机会将自己的作品搬上荧幕。

能够在短时间内将事情描述清楚，能够将自己的想法表达清楚，这本身就是一个非常重要的技能，是我们需要认真学习和掌握的技能。尽管不一定要做到在30秒内说清楚一件事，但是尽可能地减少废话，尽可能做到凝练，这对每一个人的沟通和交流都很有帮助。而想要让自己的谈话变得更具凝缩性，就需要对自己的谈话进行组织和编排。

第一，把握重点。当我们想要对整个对话进行简化时，最简单的就是把握谈话的重点，将最重要的信息说出来，并针对这些重点进行简单包装，这样就可以尽可能地减少不必要的谈话。

第二，适当切割那些不重要的内容。在谈话中，既包括很多重要的内容，也有很多无关紧要的描述，对于谈话者来说，他们在把握重要内容的时候，也需要对那些不太重要的话进行适当的分解和切除，尽可能保证话语的简洁性。

第三，重新组织谈话，避免啰唆、重复。很多人说话不注意顺序，结果常常反反复复说不清楚，这样就无端增加了很多废话。此外没有顺序的表达往往容易出现重复，从而又增加了不必要的废话。针对这种状况，说话者一定要重新对自己的谈话内容进行梳理，确保基本的条理性和顺序，尽量保证说话的顺畅，这也是减少废话的一个重要方法。

在正常情况下，谈话者可以把握以上三种原则和方法来设计自己的谈话内容，尽量避免说出那些烦冗的、无意义的话，这也是保证说服力和吸引力的重要保障。

3. 不了解的东西就不要发言

中国著名文学家、喜剧作家和社会活动家夏衍，早年就学识渊博，而且非常健谈。有一次，两位历史学家坐在一起谈论历史，夏衍觉得很有趣于是也坐在旁边凑热闹，正当历史学家们聊到某个历史话题的时候，夏衍直接开口说出了自己的看法。

说话向来都很有自信的夏衍根本没有想到，对方会突然生气地盯着他说："你什么也不知道，根本没有资格在这里发表评论。"这样的话让夏衍顿时感到脸上无光，他只好悻悻离开。在那之后，他开始努力研究历史书籍，填补自己在历史方面的无知和空白，怀着严谨的态度去进行创作，最终改编和创作了很多优秀作品。

这件事实际上也给我们提了一个很大的醒，让我们在以后的谈话中都谨守一个原则：绝对不谈论自己不了解的东西。

相比而言，这对夏衍来说的确是一个很好的教训，但事实上，我们经常会在类似的事情上犯错。就像平时谈论某个人一样，我们也许只是有过短暂的几次交谈，也许只是共处了一个下午，然后就觉得自己已经了解对方了，我们乐于在别人面前谈论他的为人处世以及其他相关的事情，但是仔细分析之后，对方的家庭环境、生活背景、学历学识、兴趣爱好，我们可能一无所知。

同样的事情也发生在那些书籍上，我们承认自己看过几部小说，于是就在别人面前大肆谈论意识流、谈论后现代主义和魔幻现实主义，但实际上多数人也许只记得几个作家的名字，对于那些严肃文学的风格和写法并不算真正了解。

这就是我们的毛病，也是沟通过程中常见的问题，我们似乎习惯了模糊"我知道"和"我熟悉"的概念，我们总是想当然地将自己稍微知道但其实并不了解的事情当作谈资，并认为自己可以借此来炫耀自己的见识。

这并不是一种典型的不懂装懂的心理，而是一种惯性的面子工程，也就是说我们渴望让别人看到自己的全面性，并害怕他人看到自己不擅长的一面，所以无论如何我们都会主观地对相关的话题进行所谓的"深入剖析"。但实际上这些话题根本就是我们无法驾驭的，至少我们没有能力将它们真正解释到位。

只知其一，未知其二，或者说没有从根本上去理解这些内容，这正是我们最容易犯下的错误。为了不至于让自己看起来很无知，为了不至于在别人面前搭不上话，我们更习惯于打肿脸充胖子。所以通常情况下，我们会抓住自己所掌握的那点知识，然后借题发挥，但是或许连我们自己也没有意识到这样的做法是多么愚蠢。

这种夸夸其谈的行为对于整个社交往往会造成很大的破坏，因为在一些自己不够了解的话题上，我们很容易犯下一些明显的错误，甚至将自己推入尴尬的境地。此外，我们的无知可能会误导对方，或者对某个话题产生误解，这样就可能会造成对方认知上的混乱和错误。

所以我们在面对一些没有把握的话题时，一定要慎重挑起这些话题，尽量回避它们。那么什么样的话题才是我们无法驾驭的呢？什么样的话题才是我们不了解的呢？我们该如何脱离"我知道"的误导？

在面对这类困惑时，国内著名的社会学家张波教授曾经提出了几个非常好的评判标准。

首先，判定是否参与讨论。我们应该想一想自己是否接触过这种话题，简单来说就是我们是否了解相关的内容，是否有类似的知识储备，是否和别人谈过或者听别人谈过这类话题，如果我们根本没有接触过，那么最好的方式就是选择闭嘴。

其次，我们要尝试着去分析这些话题。看看自己能否理解这些话题，尤其是当他人谈论这类话题时，我们是否能够听懂他们的话。如果我们感到一头雾水，或者处于迷迷糊糊、似懂非懂的状态，那么最好不要不识趣地投入这个话题的讨论中去。

最后，我们需要判断这些话题的性质。看看是否存在不同的解读方式，会不会对其他人造成误导和负面影响，如果存在误导他人的可能性，而自己又不那么精通，那么我们最好暂时放弃这样的话题，以免自己讲解不到位而影响到别人的理解。

通过以上几个标准的设定，我们可以大致判断自己是否足够了解这些话题，也可以清楚地了解自己是否适合谈论这些话题。其实，每个人都有自己的长处和软肋，都有自己擅长谈论的话题和自己不擅长的知识点，没有人会要求我们"无所不知，无所不晓"，正确地认识自己的优势和劣势，才是沟通者最需要做的功课。

对于一个聪明的沟通者来说，他们往往善于扬长避短，会将自己擅长的东西淋漓尽致地表达出来，也乐于和别人分享自己的专业知识，而尽量避免谈论一些不了解或者不能掌控的知识，这样就可以在谈话中尽量保持较高的专注度，并且尽可能地避免因为说错话或者不懂装懂而遭受非议。

4. 说话要有理有据

很多时候，我们都会发现有些人喜欢说教，喜欢对人发表各种长篇大论，喜欢针对某个问题大肆讨论一番。这种人的态度往往非常坚定，谈话时也非常注重技巧，也注意一些谈话的原则，但是却常常产生不了什么说服力，无论他们多么能说，无论他们说了多少话，对方就是毫不动心。

在面对这种情况时，这些人可能会将问题归结到别人身上，认为其他人领悟能力和接受能力不行，认为其他人缺乏最基本的交际能力和素养，认为其他人有意让自己感到难堪。但却不知道问题可能就出在自己身上，而不知道自己所犯的错误可能还是一些最基本的错误，比如说说话毫无依据或者论点、论据不充分，简单来说就是说话缺乏道理和依据。

在20世纪90年代，摩根大通公司准备进一步开拓欧洲市场，于是安排市场负责人彼得去欧洲找合作商进行谈判。彼得深知这一次谈判的重要性，于是非常急切地想要在合作商面前好好表现一番，确保对方能够接受这次合作。

在谈判开始的时候，彼得提到了摩根大通的相关信息以及强大的实力，这些显然让合作商动了心。不过为了强化双方进行合作的必要性，彼得在最后说了下面一番话："在过去二十年，欧洲各大银行的业务拓展能力仅有美国银行的三分之一，哪怕是成立了欧盟，这种业务拓展能力也逊色于美国银行。而在未来的二十年，欧洲各大银行将会失去活力，我给出的预测是业务量下降20%～30%，这对你们来说，也会是一个重大的损失，而那个时候我们将会成为整个欧洲市场最适合的合作伙伴，并且将会为你们增加30%以上的利润。"

彼得的话还没有说完就引起了合作商的质疑，因为对于合作商来说，虽然欧洲银行并不像美国银行那么兴盛，但是这几年一直都在稳步增长，考虑到欧盟的影响越来越大，考虑到全球经济正处于快速上升的阶段，认为欧盟区内银行增长出现萎缩和倒退根本站不住脚跟，反倒是摩根大通自己在欧洲市场遭遇了激烈的竞争和发展的瓶颈，现在正在四处寻求合作，未来能否盈利还是个未知数。正因为如此，当合作商听完彼得的话后，纷纷表态暂时放弃这次合作的机会。

彼得之所以无法做成生意，就是因为自己说了一些不切合实际或者缺乏依据的话，而这些话也让合作商对摩根大通自身的发展产生了怀疑。

很显然，彼得并没有意识到这一点：如果一个人试图去说服别人，或者试图让别人接受自己的想法和观点，那么首先就要确保自己的谈话具有一定的说服力，而这种说服力并不仅仅是由你的地位、你的学识、你的权力、你的人脉关系来决定的，更重要的还是谈话的内容，即你所说的话是否正确，是否站得住脚跟。有理有据，说话才有分量，才有保障，而这是说服他人的一个基本原则。

正因为如此，通常情况下，谈话者需要注意自己的谈话内容，不要说一些缺乏依据或者证据不充分的事情，以免自己的谈话漏洞百出。

——不要说那些毫无因由的话

对于一些空穴来风的话，我们最好不要去说，因为这些话往往没有一个确切的原因，也没有一个确切的发展过程，它们往往是凭空想象或者猜测出来的。它们不仅缺乏根据，有时候还违背常理，让倾听者难以理解和相信。比如当某个职员两天没来上班时，很多人就会猜测对方大概已经辞职了，但事实上没有任何证据表明那个职员不想做了，或者被公司辞退了，因此这样的猜测几乎毫无理由。

——不要散播谣言

很多人喜欢听信谣言，而且经常四处散播谣言，这种人要么是别有用心，要么就是缺乏最基本的判断力，因此才会说出一些缺乏理论依据的话来。比如有的人经常会散播谣言说"某某地方出现了地震，而且死伤惨重"，但事实上那个地方从来没有发生过任何地震，甚至可能都不在地震带上，因此这样的谣言往往会遭人鄙夷，甚至还会因为涉嫌扰乱社会秩序而遭到法律制裁。

——实事求是，避免主观论断

任何事情的发生都具有自己特定的原因，想要弄清楚事物发生的原因，就需要对相关情况做好认真的调查和分析。但在很多时候，我们可能更加倾向于进行主观判断和评论，更倾向于说"我觉得""我认为""我猜""我估计"。一旦我们过度依赖自己的主观判断，就可能对事物做出错误的分析，从而影响到自己的表达，而只有保持实事求是的态度，才能够把事情分析清楚，也才能够说出更加令人信服的话。

——不要轻易谈那些没把握的事情

如果我们想要说服别人，或者想要让别人对自己的话产生兴趣，那么首先一定要确保自己足够了解这些谈话的内容，要确保自己能够准确描述清楚这些内容，并抱有坚定的完整的观点。反过来说，一旦我们对所谈内容和观点把握不大，或者一点把握也没有，那么最好还是不要轻易开口，以免遭人笑话和质疑。比如有些人对自己设计的方案都没底，那么最好还是不要将其汇报给上级，以免留下工作不认真的印象。

总而言之，如果我们所说的事情根本没有任何充分的理由，那么最好还是选择闭嘴，因为相比于不说话来说，说错话或者说一些缺乏依据的话反而更容易被人轻视，对方往往会觉得我们不够严谨，甚至对他们缺乏最基本的尊重。

5. 善意的谎言有时候不可或缺

著名作家鲁迅先生曾经讲过一个故事,说是有个大户人家生了孩子,全家都高高兴兴的,并且大摆筵席来邀请亲朋好友一同庆祝。当亲朋好友全部都来到家中后,大家尽说些喜庆的好话,并祝愿孩子长命百岁。但是其中一个老实人却当众说了一句话:"这孩子将来是要死的。"可想而知,这句话说出来之后,这个老实人就被主人家轰了出来,大家也都指责这个人不会说话。

其实从说话的真实性来说,这个老实人并没有说错,毕竟每个人最终都会死的,但问题在于这个老实人不讲究场合,而且他不清楚有时候人们更习惯听一些善意的谎言。

其实说话需要讲究场合,需要重视对象,需要注重说话的形式,我们不能死板地相信说真话的一定是好人,说真话就一定是好事,但事实的情况是，我们需要掌握一个最基本的准则，即弄清楚自己在什么时候可以说真话，什么时候不能说真话，什么人面前可以说真话，什么人面前不能说真话。对于一个善于说话的人来说，这些都是有讲究的，如果一味逢人就说真话，弄不好就会适得其反。

比如对于那些身患绝症的人来说，为了让他们保持最后的一点尊严，为了让他们拥有一个更好的心态去接受治疗，无论是医生还是家属都可能会适当进行隐瞒，告知病人"病情比较稳定"之类的安慰话。这样的话虽然违背了实际情况，属于欺骗的范畴，但是从交流的效果来看，这样的谎言往往更容易被人接受，也更容易产生更加积极的结果。

在很多时候，适当说一些谎言是有好处的，甚至要比直接说真话更加重要。尽管没人会希望自己被人"欺骗"，也没人希望他人对自己有所隐瞒，但是更没有人愿意自己受到伤害。如果说假话、说谎话可以适当降低这种伤害，可以让人际关系变得更加顺畅，可以维持一个对所有人都好的结果，那么为什么不尝试着将真相适当隐藏起来一点呢？既然有时候说谎话比说真话更加管用，那么我们为什么不主动去利用和尊重谎话在生活中所扮演的那些重要戏份呢？

著名的作家福克纳从小就喜欢写作，那时候他常常会将自己的作品拿给父亲看，而父亲每次在阅读完之后都会给儿子一个大大的赞赏，并且告诉儿子"我要将你的这些作品全部收藏起来"。就这样，福克纳多年来一直坚持写作，并且每一次都会让父亲先看，而在父亲的鼓舞中，他也一直都在努力进步。有一次，他无意中打开了父亲的抽屉，发现了自己那些被收藏的书稿。他打开之后，立即感到非常惊讶，因为书稿上到处是密密麻麻的修改和一些评语，有很多文章基本上被修改了一大半。

看到自己的书稿后，福克纳脸上热辣辣的，但是也因此对父亲更加感动和尊敬，因为多年来父亲一直对自己撒谎，一直都在通过"你写得很棒"之类的话来维持住他的写作热情。正是因为这些谎言和这些虚构的赞美，福克纳在写作之路上坚持了十几年，并奠定了良好的写作基础。而如果当初福克纳的父亲每一次都据实直言，那么福克纳的写作信心有可能早就被摧毁了。

尽管在很多时候，我们不能放弃对真相的追求和尊重，但在某些特定时期，善意的谎言才是更好的选择。尤其是对于那些需要希望，需要理想，需要更多正面鼓励的人，我们应该用善意的谎言来帮助他们，而这也是语言的魅力和价值所在。

当然说谎话并不意味着可以肆无忌惮地欺骗别人，但前提是善意，也就是说，说真话的前提是说话者的本意是好的，而且他们渴望达到一个皆大欢喜或者确保对方高兴的结果。所以在说谎话之前，需要把握两个最基本的原则：

第一，确保别人不会受到伤害。说真话是真诚的表现，说真话的初衷往往是好的，毕竟我们可能并不希望他人被蒙在鼓里，不希望总是遮遮掩掩，不希望真相被埋没，但是问题在于很多时候真相是最伤人的。在这种情况下，我们需要说一些善意的谎话，对那些容易伤害对方的真相进行掩饰和隐藏，用一些更加温和、更加美妙的话进行修饰。

第二，保证在没有歹意的情况下说话。说谎话很多时候意味着欺骗，但是如果说话者本着去赞美别人、保护别人、尊重别人的心态去说话，那么就可以不必理会自己说的是不是真话了。相反地，如果是为了欺骗别人，为了利用谎言来谋取私利或者陷害别人，那么最好还是不要说谎了。

其实，在日常生活中，我们常常会因为对于"真相"和"真话"的过度执念，说出一些伤害他人的话。尽管指责一个说真话的人显得并不那么合理，但是有时候，这个社会所看重的并不是我们说了什么，而是我们怎样去说，能够把话说得让人舒服，能够把话说得精准到位，这就是说话的目的，只要能达到这样的目的，那么就没有必要去计较自己说的是真话还是谎话。

第六章 让你的话充满魅力

1. 善于把握对方的好奇心

2008年，国外很多制造公司都在金融危机中遭遇了困境，毕竟由于经济不景气，民众消费欲望不强烈，产品根本卖不出去。这个时候，很多厂商不得不进行降价处理，可是价格战并没有带来竞争优势，反而让厂商的日子越来越难熬。

有家房地产公司却偏偏反其道而行，每一次，有人上门来购房，售楼部的工作人员总是笑眯眯地说："从今天开始，我们公司每天最多只能向外出售5套房子，当然价格和之前一样。"这个时候很多买房子的人都产生了疑惑，现在很多房产公司不是着急着卖掉自己的房子吗？为什么这家房产公司还要限制数量呢？很多人都产生了疑惑：是不是这家开发商的房子质量更好，是不是金融危机一过，房子就要开始大涨价，是不是现在有很多人都在抢着购买该公司的房子……

结果当消费者产生疑惑后，很多人都冲入这家房产公司预订购房，仅仅两个星期，公司的库存就降低了86%，这家濒临倒闭的房产公司很快就从困境中走了出来。

事实上，这家公司之所以可以脱离困境，就是因为卖楼房的售货员善于把握消费者的好奇心，他们通过一些违背常规以及令人惊讶的话，成功引起了消费者的关注，并达到了出奇制胜的效果。而这样的语言魅力在生活中实际上经常会出现，很多人都善于利用其他人的好奇心来提升自己谈话的吸引力，或者说都善于利用自己的谈话来把握别人的好奇心，而这是他们确保达到目的的重要方法。

社交培训大师托德·皮埃尔曾经说过："保持语言的神秘性是吸引别人关注的重要方法，也是确保对方能够认真倾听我们的谈话的重要方法。"

在这里，托德·皮埃尔所说的神秘性其实就是要求我们要懂得抓住别人的好奇心，只有把握好奇心，只有确保其他人对自己的谈话产生强烈的兴趣，我们的话语才能产生应有的效果，我们也才能达到自己想要达到的目的。

一般情况下，说话者可以采取三种不同的方法或技巧来抓住对方的好奇心：

第一种方法就是在对话中设置悬念。想要引起别人的好奇心，那么首先就要让自己的谈话变得更加不可捉摸，简单来说，我们要懂得在谈话中设置悬念。就像电影一样，我们需要对其中的情节进行巧妙设置，要善于埋下伏笔，要善于设置一些悬念，而不是平铺直叙地将所有的故事表现出来。电影大师希区柯克说过："如果突然一个炸弹爆炸，引起的只是恐慌，并不会有什么悬念；但是如果事先让读者知道桌子底下有个炸弹，而主角却不知道，这样就会自然引起悬念了。"

说话往往也是这样，一个善于抓住别人眼球的人往往会在说话中设置悬念，比如有的人在介绍某个企业家时会这样说道："就在几年以前，他还是一个身无分文的穷小子，经常在附近的商场门口逛来逛去找工作，而现在却拥有亿万身家，成了本地最有实力的商人。"这样的开场白往往更容易引起听众的胃口，通过这样的描述，大家往往会想要了解这个商人身上究竟发生了什么，为什么他会经历如此巨大的变化。

这样的表达方式其实就是一种设置悬念的方法，本质上就是通过内容的快速变化来制造真空，即直接介绍一个开始（以前很穷），然后讲出一个结果（现在很富有），最后通过对过程的省略来制造一个真空，而这个真空实际上就是激发听众想象力的关键，因为听众总想弄明白其间发生了什么，这就为谈话者的进一步解释提供了机会。

其实这些方法和倒叙法非常相似，说话者都是先说出结果，然后依据结果反过来解释整个过程和原因，这样往往比一开始一点点往后叙述更加具有吸引力。比如很多人一开口可能就会说"他昨天好像受伤了"，这就是一个很大的悬念：他为什么会受伤呢？他是怎样受伤的呢？为什么我昨天上午看到他还是好好的？昨天，他昨天究竟经历了什么变故？

除了这几种方式之外，欲扬先抑的方法也是常见的悬念设置方式之一。比如有的老板召开表彰大会，准备赞扬某一个员工，可是大会一开始的时候，老板可能将对方身上的缺点先数落一个遍，这样就使听众产生疑惑，为什么老板会这样说一个即将接受赞美的人？为什么会这样批评一个做出过突出成绩的人？而在成功引起听众的好奇心之后，老板可以慢慢引出自己所要说的话，并制造一种强烈的反差。

第二种方法就是隐藏信息。如果说设置悬念主要是确保情节的曲折性，并通过这种曲折性来达到吸引眼球的效果，那么另外一种有效地抓住好奇心的方式就是隐藏信息，也就是说说话者只说一个信息片段或者直接说出一个结果，然后听众会对这些信息进行深入挖掘。这就像弗洛伊德所说的冰山理论一样（露出水面的冰山只占了1%，剩余99%的冰山都在水底下隐藏着）。

一般情况下，说话者需要把握好尺度，隐晦地给出一点重要信息。比如某人说："我昨天和很多同事参加一个公司内部的晚宴，当时L公司的总经理也在场。"这个时候听众就会产生疑惑，为什么公司内部的晚宴中会出现其他公司的高管呢？是不是双方准备合作了？倾听者往往会通过对信息片段的理解来挖掘事情背后隐藏的各种意义。

在很多时候，对于信息的隐藏可以刺激听众对信息进行更加深入的挖掘，或者刺激他们想要了解更多的欲望，一旦这种欲望变得非常强烈，就必定会希望说话者透露更多的信息，或者会想办法从说话者口中套出更多的信息。

第三种方法就是在谈话中体现出自己的与众不同之处。 对于说话者来说，想要成功吸引别人的注意，最直接的办法就是尽量让自己的谈话变得更加另类，尽量让自己变得与众不同。事实上，当我们与其他人变得截然不同时，我们的观点以及表现会变得更加突出，更加独一无二。这样一来，大家更容易将目光聚焦在我们的谈话上，都想要听听我们该如何面对这些问题。

比如在公司内部会议上，通常第一个发言的人会说出一个不错的观点："我们不应该进军非洲市场，因为我们的产品在那儿根本没有人消费。"第二个人表示赞同，并进行补充："我觉得非洲那边的市场并不适合我们，事实上我们还必须重新评估那里的动荡局势，而这些风险并不是我们所能承受的。"第三个人表示赞同："我们可以将目光重新放到亚洲市场上来，尽管竞争很激烈，但是我们仍旧可以在现有的市场占有率基础上进行提升，而不是冒险开发一些不成熟的市场。"

在这个时候，前几位发言人的观点都差不多，基本上都是重复和补充，在这样的趋势下，后面的发言者说来说去无非就是依葫芦画瓢，根本说不出什么新鲜的话题和观点，因此听众也就容易失去兴趣和耐心。

如果此时有人站起来说："正因为非洲市场没人敢去，我们才要去试一试。"这样的发言完全与会议中的主流看法背道而驰,而这本身就是一个非常好的噱头,因此可以快速引起他人的关注。接下来发言的人就可以提出自己的论点和论据,对这样的想法进行解释。

事实上,以上三种方式都可以有效把握别人的好奇心,关键还是要确保自己的观点和内容有足够的落差和想象空间,这样才能够真正制造噱头,才能让听众产生疑惑,并在短时间内就抓住他们的眼球。

2. 注意肢体语言的配合

通常情况下，我们是如何表达自己想要描述的内容的？多数人可能会直接打开嗓门说话，会将自己所知道的以及自己想要说的全部都表达出来。可以说口语表达的确是一种最常见也最简单的表达方式，不过口头语言也有自身的局限性，在一些难以描述、不方便进行描述或者需要花费大量话语来进行描述的场景中，口语表达的某些缺点会被放大。

最明显的例子在于当我们对他人的观点持有不同看法或者对他人的言论赞同的时候，实在不方便开口说话，以免打断别人的谈话，在这个时候，肢体语言就派上了用场，而且通过对肢体语言的灵活运用，我们可以准确无误地表达出一些更加细微的情感和内心活动，事实上，恰当的肢体语言往往比有声的语言表达更加有效，也更具内涵。

早在20世纪50年代，研究肢体语言的先锋人物阿尔伯特·麦拉宾就发现了一个奇特的现象，那就是在一条信息中，文字通常只能产生7%的影响力，而语音能够产生大约38%的影响力，其余55%的影响力则来自肢体语言。也就是说，当我们试图进行表达的时候，虽然可以提到很多刺激感官的声音和文字，但是仅仅依靠这些语音和文字，倾听者常常连一般的信息都接收不到。为了让对方可以接收到更为完整的信息，我们还需要配合更多丰富的肢体语言。

肢体语言往往也能表现出一个人的心态和性格。在说话和表达的时候，我们往往会表现出不同的肢体语言，更要主动表现出合理的肢体语言来配合自己的声音，其中主要包括目光的接触、表情、手势、站姿、走姿或者某些辅导工具的晃动。每一种肢体语言都很有讲究，每一种肢体语言都能够释放信号，都能够准确展示个人的内心世界。

——眼神

都说眼睛是心灵的窗户，而眼神就是最生动、最微妙、最复杂、最富表现力的沟通语言，毕竟眼神通常不会欺骗人，它总是能够坦诚地表现出内在的想法和情感。因此在表达的时候，一定要注意眼神的使用，而不同的眼神往往会展示出不同的效果。

比如谈话时要看着对方的眼睛，这表示你在认真讲话，而且对对方非常看重。而左顾右盼会显得心不在焉，让对方觉得你只是在敷衍了事，或者说会让他们感觉缺乏存在感；眼睛盯着地面看，往往让人觉得谈话者的底气不足；眼睛长时间盯住某个东西一动不动，往往会显得目光呆滞、精神涣散，对方会觉得你根本没有认真谈论一件事。

此外，双目无神会让你说的内容变得更加无趣，眯着眼睛会让倾听者觉得你看不起人，不停转动眼珠，意味着你可能改变主意或者又有了新的想法。

——手势

很多人都会觉得手势只是一种无意义的装饰而已，但实际上手势通常是个人想法和情感的一种间接表达。其实，在身体的各个部分中，手的表达能力仅次于脸，不同的手势往往具有不同的含义，最简单的就是一些指示功能，比如用来表示具体的数目（虽然口语也能表达出来，但是用手势表现出来的数字往往更加令人印象深刻）；比如用来描述事物的形态或者指定某个方向（口语在描述这类东西时通常比较抽象和复杂，而且容易让听者感到混乱，而手势的指向性比较明确，描述事物的时候也更加形象，更加直观）。

此外，在表达的时候，手势可以加强口语的语势、表现演讲者的体态形象，增强演讲的说服力和感染力。

比如十指交叉成塔状就是一种表达自信的手势，也会让表达的内容更加真实可信；伸手时掌心向上表示请求、许诺，同时也表现出表达者谦逊的一面；双手手掌摊开，手指笔直，这是一种坦率的表示；挥动双手往往具有鼓舞人心的作用，容易带动对方的情绪；采用复式手势，这样就可以进一步强化情感的力量，从而进一步激发对方的情感；做出双手由分而合的手势，这样可以表达出亲密、团结、联合等期望，同时也可以尽量向对方示好。

——微笑

微笑是最常见的一种表情，但同时也是最具影响力的一种肢体语言，它可以有效传播个人的想法和情感。而作为一个基本的交往符号，微笑是一种非常积极的、柔和的表达方式，在降低自身防备、缓和气氛、赢得好感等方面起到重要作用。可以说通过微笑，我们总是能够更轻易地与别人说上话，也更容易赢得别人的信任。

比如当与陌生人交谈的时候，微笑可以拉近彼此之间的关系；当别人心情不佳时，微笑可以振奋士气；当交流出现分歧时，微笑可以有效缓和氛围；在发言的时候，保持微笑会让我们看上去更加自信。

——身体的触碰

肢体语言是一个很丰富的概念，范围也很广泛，它往往体现在头、眼、颈、手、肘、臂、身、胯、足等人体部位的协调活动，而在具体的表达过程中，我们还需要和别人发生互动，这种互动往往通过一些身体的触碰来完成。像握手、拍肩膀、贴脸、抚摸脑袋、牵手、亲吻、抚弄头发、拍打背部等动作都是一种肢体触碰的行为，它们是证明彼此相互信任或者维持亲密度的一种有效方式。

比如握手是一种非常常见的肢体碰撞行为，它可以体现出双方之间的平等和尊重。和陌生人开始交流时，可以单手握手，握手的时候，身子尽量微微弯曲，以示谦恭；如果对方是老熟人，那么可以双手紧握对方的手，以示尊重和亲密。

轻拍肩膀也是一个比较常见的接触方式，轻拍肩膀实际上代表了友好和爱护的意思，可以向他人传递一个信号："我很欢迎你，而你完全可以保持放松。"从而有效缓解对方的防备心。

此外一些试探性接触也很有效果，通过试探性的身体触碰，我们可以了解内心细微的变化和真实的想法。比如当双方坐下时，可以用前臂或者膝盖轻轻触碰对方。如果对方不回避，就可以明确知道对方愿意坐下来继续听自己说话。反过来说，对方可能不太愿意建立良好的沟通关系。

无论哪一种肢体语言，最重要的还是要用心去表达，而一个优秀的表达者更应该像是一个出色的舞台表演者，他不仅要展示出自己独特的语言天赋，要努力说出那些恰到好处的话，还要懂得完成一系列绝妙的肢体动作，这些动作往往可以起到很好的辅助作用。毕竟肢体动作往往包含丰富的意思，也能够传达出更多丰富的情绪、想法以及其他一些内在的东西，它在悄无声息之间就可以向倾听者传达出自己的思想、感情和个性，从而让整个谈话变得更加真实、更加立体、更加生动、更具煽动性和说服力。

3. 善于借助别人的口来帮助自己说话

很多时候，我们想要表达自己的观点，并期待这些观点能够被大众接受，但问题在于这些想法并不总是能够被他人认可，或者说我们不具备那种说服他人的能力和地位。在这个时候，最好的方法就是寻找一个说话有分量或者更具备影响力和说服力的人来充当代言人。通过这些更具影响力的代言人来说出自己想要说的话，从而达到说服他人的效果。

裕容龄被称为"中国现代舞的拓荒者"，由于父亲裕庚是清朝的外交官，因此她自小就有很多机会跟随父亲出使国外，而这也让她接触了很多外国文化。当她跟着父亲出使日本期间，喜欢上了日本的舞蹈，并且开始进入舞蹈学校学习，从而奠定了舞蹈基础。后来她刻意跑到法国去学习现代舞和芭蕾，还在欧洲进行表演，结果引起了很大的轰动。

从欧洲回国后，裕容龄开始在各个场合表演舞蹈给大家看，可是却遭到那些思想封闭的朝廷官员的指责，他们还嘲笑裕庚养出了一个"舞女"。裕庚听了心里很不舒服，裕容龄知道后也很无奈，但是她没有做任何辩解。

她知道自己人微言轻，根本不可能说服别人。最好的办法是让一个大人物替自己说话，而这个人就是慈禧太后。

为此，她经常和慈禧太后谈论西方艺术和舞蹈，在引起对方的兴趣后，她亲自融合中西艺术，精心排练了《剑舞》和《扇子舞》，然后进宫表演给慈禧太后观看。慈禧看完之后非常开心，当场称赞说："这是很好的舞蹈嘛，我很喜欢。"见到慈禧太后如此欣赏这些舞蹈，大臣们只好纷纷附和，再也没有人敢对裕容龄的舞蹈指指点点了。

在这里，裕容龄实际上使用了一个常见的说话技巧，那就是借助他人之口来说出自己想说的话。

通常情况下，这种方法适用于以下几个状况：

第一，有些话自己不方便直接开口说，比如要求加工资，这个时候找第三者说话无疑会更加合适一些；第二，说话的人缺乏影响力，别人可能根本不会倾听，因此选择一个有权威、有地位的人帮忙说话，会起到事半功倍的效果；第三，有些话不适合自己说，这个时候只能让更加合适的人来说。

无论是哪一种情况，实际上都体现出了个人趋利避害、善用资源的技巧，而这些也是语言表达的一个重要内容。《红楼梦》中说："好风凭借力，送我上青云。"其实说话往往也是如此，在很多时候，为了让自己的想法付诸实施并产生很强的影响力，或者为了让自己获得更多的尊重，就需要借助别人的话来为自己驱逐各种障碍。

事实上，在借助别人的口来说话，可以分成两种形式：

第一种是明确提出请求。希望对方帮自己说话，希望对方站在自己的立场说话。比如当我们遇到一些比较棘手或者比较困难的事情时，就可以主动请求那些有能力解决问题的人帮忙说话；当我们想要认识一些自己不太熟悉的人时，可以请求其他人帮忙引荐。

第二种是暗示和引导。当我们发现自己缺乏话语权且不具备影响别人的能力时，可以想办法拉拢别人加入自己的阵营，想办法借助别人的力量为自己说话，但问题在于很多时候我们并不能直接请求对方"你帮我说说话好吗？"尤其是考虑到一些比较敏感和麻烦的话题，对方肯定也会避之唯恐不及，或者说，当对方不希望卷入立场之争的时候，肯定也会尽量避免出现替某一方说话局面。在这种尴尬的情况下，我们更应该注重暗示和引导。

事实上，在与人交谈的时候，如果我们想要证明自己的想法是正确的，想要让对方更容易接受自己的观点，那么最简单的方法就是让更多的人赞美自己，这种赞美在无形中就为个人的形象增加了不少分数，也间接地提升了话语的说服力。

所以一个聪明的谈话者总是能够巧妙地表现自己，并试探性地询问他人"不知道我做得怎么样，不知道我说的对不对"，当赢得他人的认可和赞美后，我们就可以将这种赞美尽量呈现出来并转述给自己交谈的对象。一旦赢得的赞美声越多，获得的认可越多，我们在谈话中的说服力就会越强。

除了积累更多的赞美之外，有时候我们还可以把握好自己与那些潜在帮手之间的一些共性，然后利用这些共性大做文章，比如告诉对方"我们在很多时候非常相像""我们之间有很多共同点"，尽管这些共性只是某一个方面，但是一旦我们将它泛化或者模糊化，就会让其他人觉得我们和那些帮手是同一类人，具有同样的立场，具有同样的想法，而这就会在无形中给自己增加很多帮手和代言人。

其实，无论是明说还是暗示，最重要的是谈话者一定要注意将自己的话题转移到更多人身上，一定要懂得将更多人融入自己的立场和观点中，只有这样我们才能够确保自己不是势单力薄，才能确保自己的谈话更具说服力。

4. 说话前先思考 10 秒钟

有学生问大哲学家苏格拉底:"到底该怎样说话?"苏格拉底想了想说:"每个人在说话之前应该准备好三个筛子。"

紧接着他分别对这三个筛子进行了解释:

第一个筛子是真实,也就是说每一个人在开口表达之前一定要弄清楚这件事是否真的存在;第二个筛子是善意,这就要求我们在讲话时要注意带着善意,即便自己不认同他人的观点,也必须带着善意,这样一来,在表达的时候才不会产生矛盾;第三个筛子是重要性,这是对说话内容的一个基本要求。简单来说,如果一件事不那么重要,那么就没有非说不可的必要了。换句话说,每个人都需要尊重和珍惜自己与他人交流的机会。

苏格拉底对学生的教诲,指出了一个问题,那就是在表达的时候要注意先在大脑中进行思考，以免错从口出。正如孔子所说："敏于事而慎于言。"说话的时候，必须做到谨慎发言，必须在说话之前，谨慎地组织每一个句子、每一个用词、每一种声调，确保自己的话不会对沟通带来影响。而那些自发的、随性的表达往往会因为缺乏足够的思考而显得漏洞百出，或者会因为一时冲动而说出一些不该说的话。

在三国时期，曹操为了专心对付蜀国和东吴，准备与匈奴人进行和谈，双方都有意签订休战协定。

当匈奴使者前来谈判之后，曹操担心自己的形象不够威武，不足以震慑对方，于是就安排了一个非常高大威猛的将军去和谈，他自己则拿着刀立在一侧当起了侍卫，以便能够从旁观察情况。这一次的和谈非常顺利，双方很快形成了口头上的协定，但是多疑的曹操为了试探对方对自己的印象，于是就派人前去打探。

匈奴使者如实回答："魏王的确雅望非常。"这句话原本只是一句客套话，但使者突然心血来潮，想也没多想，又补充了一句话："然而榻旁捉刀人，真乃英雄也。"这句话说出口后，他自知说错了话立刻闭口不谈，但是打探消息的人还是将原话说给曹操听。大家都以为曹操会很高兴，毕竟这说明了曹操是一个很有魅力的人。

但没想到曹操很快派人诛杀了那个使者，很多人对此非常不解，但实际上使者的话触犯了两个禁忌：首先他间接说破了曹操的安排，这让自大的曹操没法接受；其次，一个侍卫如果比魏王还要更有魅力，那么无疑证明了曹操是一个无用的人，这样就会被匈奴人看轻。正因为这两点，曹操动了杀机。

很显然，无论什么时候，我们都需要谨慎对待自己将要表达的话，在一段话说出口的时候，我们就必须预想和评估出它可能对整个谈话，以及对其他人造成的不良影响。

所以在说话之前，一定要进行严谨的思考和组织，要确保自己不会被说出来的话所"绑架"。比如我们需要想一想这些话是否有依据，是否会伤害到对方，是否会泄露什么重要信息，是否会让人产生误解，又或者是否会带来一些争议。在表达的时候，我们所重视的并不是"我要说些什么"，而是"我应该说些什么"以及"我应该怎么去说"。

如果我们不希望在言语上犯下一些低级错误，那么就应该给自己留下一点思考和酝酿的时间，我们应该主动去思考，而这种思考意味着一种约束，意味着一种规则，更意味着一种修养，它能够让我们更加慎重地对待与他人交流的机会。

牛津大学的心理学家洛克教授在提到人们容易说出冲动的话时，提到了一个自我克制的小技巧，那就是在说话之前尽量先将那些要说的话放在脑中思考10秒钟，利用这点时间进行重新审核与组织，避免出现较大的漏洞。实际上这10秒钟不仅可以让我们的谈话变得更加理性和睿智，也能给别人留下一个更好的印象——"我的任何以此谈话都是认真思考，且对他人负责的。"

洛克教授还对那些没有思考习惯的人提出了几条建议：

——不要抢着说话

当我们想到一个好点子的时候，最重要的不是抢在他人面前说出来，而是要尽量确保这句话不会出错，因为一个率先表达出来的观点，如果错误的话实际上毫无意义。因此无论在何种情况下，都不要盲目抢先表达，至少应该确保观点足够正确才说出口，相比较速度而言，正确性与合理性才是追求的重点。

——察言观色，了解他人的禁忌

在谈话中，为了避免说错话或者得罪别人，那么最好的方法就是察言观色，了解别人忌讳什么，了解别人不喜欢说些什么话题。通过观察，我们可以更加巧妙地躲避一些禁区，防止自己说一些让人扫兴或者不悦的话。

此外，通过观察别人的表情，就可以明确了解对方的心理在想些什么，就可以明确把握对方对于这个话题的反应，从而判断自己是否需要继续在这个话题上谈论下去，或者判断自己谈论的方向是否正确。

——重要场合，不要着急

对于谈话者来说，场合往往很重要，在一些重要场合下，我们的每一次发言都会被放到放大镜下，因此我们必须保持足够谨慎的姿态，必须想办法组织好自己的每一次谈话，必须尽可能做到不出错。为此我们有必要放慢谈话的速度，有必要克制自己谈话的欲望，而这种可知会迫使我们更多地在大脑中精心设计该说的话。

——尊重每一次的表达机会

我们经常很随意地把话说出口，是因为我们习惯了这种表达方式，或者以为自己的话未必会给别人造成什么不良影响。但事实上，一旦我们真的说错了话，并因此影响到了个人的形象，那么就可能会意识到重要性。既然如此，从一开始，我们就应该培养起良好的心态，要懂得尊重和珍惜每一次的表达机会，要认真对待自己说出来的每一句话，只有抱着认真负责的态度，我们才能够养成提前思考的习惯。

实际上，很多人将说话当成是个人的事情，但无论在什么情况下，只要发生了沟通行为，那么就会产生一种双向的作用力，我们的一言一行也会对他人产生影响。如果我们漠视这种影响，或者以为自己可以掌控一切,那么我们将会在言语交流中犯错。所以想要避免类似情况的出现,想要避免自己陷入困境,就要懂得在说话之前给自己留下10秒钟的时间好好思考一下。

5. 顺势追问，避免冷场

在日常生活中，我们经常会遇见许多非常健谈的人，他们总是想办法同你分享自己经历的东西，总是试图给予别人更多思想或者价值观上的影响。他们非常在乎人们是否在倾听自己谈话，但比起这个他们更希望有人能够在倾听的同时与自己进行互动，他们需要在互动中来进一步展示自己的思想、立场或者价值观，需要借助这些互动来达到完美展示自我的目的，并希望这些成熟而全面的展示能够影响到其他人。

从这一方面来说，倾听者的任务并不是一味保持沉默，因为长久的沉默可能会让话题过早地结束，因为一旦对方将所有的话说完，也就意味着谈话的终结。但是如果我们懂得寻找一种适当延长交流的方式，如果我们懂得展示那种将谈话继续深入下去的技巧，那么我们将会在人际交往中赢得更多的尊重，也更容易受到别人的欢迎。

那么我们该如何展示这种说话技巧呢？我们将运用何种方式让自己变成一个更加合格的倾听者呢？方法其实很简单，那就是适当进行追问，换句话说，那就是在对方说话或者表达的时候，针对对方的谈话内容进行追问。

2004年，投资大师罗杰斯在家里举办了一个小型的宴会，当时他邀请了一些商界名流和政界人士，其中就包括了华尔街投资人默克·丹。默克·丹是一个不怎么喜欢说话的人，每次说话还不到几分钟，所以通常情况下他更愿意躲在角落里喝酒。

那一次，他像往常一样躲在角落里喝酒。当时有个企业家因为公司运营出现了问题而感到苦恼，当他看到默克·丹也独自一人喝酒时，于是靠了过来，两个人很快聊了起来。企业家说出了自己的窘况，而默克·丹则谈起了自己的祖父曾经在费城经历的一些事情。

虽然这是一个小故事，但是企业家还是时不时地追问："你的祖父也是费城人？""对不起，你刚才提到的那家农场，难道是你家里的祖产？""你祖父现在还健在吗？"由于善于顺着默克·丹的谈话追问，双方对这个话题越聊越多，越聊越深。

结果两个人聊了一个半小时左右，这时候宴会也散场了，企业家准备回家，没想到被默克·丹一把抓住："谢谢你能听我说那么多话，你是我见过的最棒的倾听者，还有就是你刚才说的那些问题，也许我可以帮你解决。"后来，默克·丹利用手中的人脉资源，成功帮助企业家解决了危机。

提到顺势追问的技巧，著名演说家大卫·里奥曾经讲演过一个专题：《如何让一个话题的热度维持一个小时以上》，在讲演中，他提到了几种比较常见的延时方法，其中一种就是追问。

不过在他看来，追问并不是简单的提问，而需要经过巧妙的设计，需要保持独特的技巧。比如当对方提到某件事情的时候，可以针对性地提出一些简单问题，以便了解这件事的相关信息。比如当话题开始展开的时候，我们可以对对方没有交代清楚的时间、地点、人物、环境、原因、结果等内容进行追问。通过具有针对性或者深入的追问，可以确保谈话被扩张得更加充分和完整。

也许很多人并未意识到这种方法的作用和效果，但事实上，通过追问，我们可以有效激活对方的谈话内容，可以让对方在谈论某件事或者某个观点的同时对我们的提问进行回答，而这样的回答实际上又是他们对自身话语内容的一次强调或者深入解析，他们乐意借助这种互动形式来展示一个更加完美的自己。

当然，对于倾听的我们来说，则需要更加合理地进行追问，需要设置一些更好的环节和方式来确保所有的追问都可以起到活跃气氛和延续谈话的效果，尽管我们可能真的对谈话内容漠不关心，但是我们至少表现出了这种积极迎合的态度："我对你说的东西感兴趣，我愿意倾听你的谈话。"

那么这些追问该如何进行设置呢？

通常情况下，我们可以在对方说完一句话后，适当插嘴追问刚才所说的话中的关键信息，这种追问往往可以让对方觉得你在认真听话，至少你已经懂得抓住那些关键的信息进行分析，对方会觉得你想要通过这些关键信息来了解更多有价值的内容，或者想要通过这些关键信息来获得对整件事、整个话题的把握。

正因为如此我们可以适当追问那些关键信息，比如对谈话者提到的某个人物、某个地方、某个时间段进行追问："你刚才说的是谁？""哪个地方？""你们什么时候认识的？""你刚才提到了×××（某个重要事情）吗？你们正在做那件事？"

如果我们对他人的谈话表示出一定的兴趣，也可以运用一些表示惊讶的语气进行追问，比如我们可以对谈话者说话时的表情进行观察，弄清楚对方是否对自己的话题非常感兴趣，一旦对方露出那种表情，我们就可以巧妙地迎合对方的心理和情绪，然后在对方表达完某个意思之后，立即做出回应："真是不可思议，怎么会这样呢？"这种追问的形式往往需要依靠表情的变化以及语调的调整，这样我们就可以更加生动地表现出自己的态度："你的谈话内容真的与众不同，让我觉得非常惊讶且有意思。"

相比于惊讶的语气而言，如果我们更加善于迎合对方的话，完全可以深入交流。而这种交流主要建立在一种出色的技巧上，比如主动做一些试探性的追问，像询问对方"刚才的话你可以说得更加详细一些吗？""你说的那个人他后来怎么样了？""为什么会出现这样的情况？"这些都是非常巧妙、非常有效的沟通方式。

事实上，说话的人不可能将所有的信息都顾及，总有一些细节会被遗漏掉，我们所要做的就是抓住这些细节，或者对那些并未详细进行解释的信息进行深入探讨和挖掘。多问几个为什么，这样往往会让对方觉得你不仅认真倾听，而且对相关的信息和内容进行了深入的分析和思考，他们觉得你可能在对话中形成了良性的互动，而这正是他们乐于看到的。

通常情况下，一旦对方对我们的谈话进行了一些礼貌的、有价值的追问，我们往往会表现出更大的意愿继续交流下去，也往往会对倾听者表达更大的信任。我们会尝试着分享更多的信息，而不必担心自己的话会被其他人漠视，不必担心自己的观点和想法会被人排斥。这样一来，相互间的交流便会更加顺利。

第七章 把话说得滴水不漏

1. 没有说错的老板，只有不会说话的员工

雅虎公司的部门经理韦尔奇先生多年来从未受过老板的批评，因此成为业内"好下属"的代言人。有人问他是怎样确保自己多年来都受到老板尊重和重用的秘诀，他这样说道："我的老板经常会说错话，但是从某种程度上来说，他们是不会犯错的，真正犯错的就是我们，关键在于我们是如何看待和谈论老板所犯下的错误的。"

很多人对这句话一直不太理解，但是如果有过职场经验，我们就能够明白韦尔奇先生所说的话，也能够自然而然地掌握其中的奥妙，那就是永远不要当面去揭露和谈论老板的错误。

据说，慈禧太后喜欢听戏，于是经常会邀请一些戏曲名家入宫唱戏。有一次，戏曲演员杨小楼入宫给她唱戏，事后慈禧太后非常高兴，直接给杨小楼题"福"字，结果她一时大意，将"示"字旁写成了"衣"字旁。杨小楼接过来后一看顿时感

到左右为难，如果直接指出这个错误，在大庭广众之下肯定会折了慈禧太后的面子，弄不好还会惹太后生气，可是如果不说的话，一旦这个错字被其他人看到，可能会让慈禧太后名声扫地。

就在左右为难之际，慈禧太后也意识到自己写错了字，可是她又不能直接将送出去的字要回来再改，这样就等于承认自己写错字了，必然会显得很难堪。所以慈禧太后很快也陷入两难的境地，不知道该怎么办。

见此情景，太监总管李莲英立即站了出来，打了个圆场："老佛爷之福，比世上任何人都要多出一点呀！"杨小楼立即明白了其中的意思，于是也顺势跪下，并说道："老佛爷福多，这万人之上之福，奴才怎么敢领呢！"两人一唱一和，一下子就给了慈禧太后台阶下，也将一场即将出现的尴尬事件消弭于无形。这个时候，慈禧太后干脆心安理得地收回了这个赐出去的错别字，并且额外重赏了李莲英和杨小楼。

在这个故事当中，李莲英和杨小楼聪明地给慈禧太后的错误做了一个非常好的掩饰，并找出了一个看似合理的解释，从而化解了尴尬。这种方法是工作和生活中都需要掌握的一个人际交往的技巧。

其实，在日常生活中，我们也经常会遇到类似的情况。我们的老板会不经意间说错话，会犯下一些比较明显的错误，而在面对这些错误时，我们究竟是直言相告，还是隐晦地进行提醒呢？

关于这一点，是员工必须认真思考的事情。处理错误的方式直接决定了在老板心中的地位，以及和老板之间的关系。一个聪明的员工是不会直接指出老板的错误的，而是巧妙地进行掩饰和转化，确保老板不会陷入尴尬之中。那么一个好员工究竟该如何应对犯错的老板呢？该如何运用高超的语言技术进行转化呢？

——合理进行圆场

当老板犯错的时候，下属们为了不让气氛变得尴尬，可以采取将错就错的方式，对这些错误进行另类的解释，以便能够合理进行圆场，从而确保老板可以在错误中顺利找到一个台阶下。

在某一次企业家峰会中，有家公司的老板因为没有看见座位上的名字而任意选择了一个嘉宾席坐下。当应该坐在这个位置的嘉宾出现在座位面前时，他才意识到自己坐错了位置，顿时显得非常尴尬。

为了避免让这位嘉宾误以为自己的老板不遵守位置排序的规则，身边的私人秘书立即客客气气地说道："您就是×××先生吧，我们老总在这里等您多时了，他经常听别人谈论起您，所以一直想和您见个面。"这话一说出口不仅立即化解了尴尬，还让对方觉得受宠若惊，结果气氛很快活跃起来。

对于那些会说话的下属来说，总是能够有效地对不合理的东西进行转化，使其变成有利于的因素。而这对于老板来说，往往可以避免一些错误被过度解读而带来的尴尬。

——主动将错误揽到自己身上

对于下属来说，他们有必要解决老板犯下的一些小错误，但是解决不了的错误可以适当进行转移，即将这些错误从老板身上转移到自己身上，从而保证老板不会因为这些错误而导致形象受损。

某公司在招聘新员工之后，老板对新员工召开了一次小型见面会。在会议上，他认为有必要和员工进行更加深入的认识。于是决定进行点名，加深自己的印象。当点到"张兀"的时候，由于老板没看清楚，随口念成了"张元"。就在此时，一个新员工怯生生地站起来说："我叫张兀。"一看自己念错了字，老板一下子就陷入尴尬的境地。而这个时候，旁边的主管不好意思地对老板说："对不起，是我写错了，写的时候在上面多加了一笔。"话说出口后，老板的尴尬表情才有所缓和。

很显然，通过将错误转移到自己身上，下属往往可以减轻老板身上的尴尬，从而更加自然地让老板摆脱这些错误所带来的困扰，而对于下属来说，他"奋不顾身"承担错误的行为也必将引起老板的感激和信任。

——选择直接忽视

对于老板来说，他们并不能够做到面面俱到，因此在很多时候不免会犯下一些错误，这些错误有时候只不过都是一些细节性的错误，并不会影响大局，因此下属们没有必要对这些错误进行深入解读，也没有必要直接指出来。

比如有的老板会在会议中报错公司的员工人数，会说错一些常用的成语，会在聊天的时候出现一些习惯性的口误，这些小问题并不是什么大错，也根本不会对基本的交流以及下属的工作造成什么太大的影响，因此下属在明知老板说错话时，没有必要直接进行提醒，选择性忽视也许才是最好的方法。

——进行巧妙的暗示

当老板犯了一个明显的错误时，或者这个错误很有可能会产生一些负面的影响，这时候就绝对不能装作不知道，下属或者员工需要及时提醒他改正过来，但是直接指出错误显然不合理，因此最好的办法就是直接进行暗示或者提醒。

戴尔公司的负责人凯文曾经拿了一份重要的文件交给总裁戴尔签字，可是戴尔在第二天忘了这件事。凯文迟迟不见戴尔将签好的文件拿给自己，很快意识到对方可能忘记了这件事，于是就刻意去总裁办公室找戴尔。

当然他并没有直接问对方："您昨天给我签字没有，我想你大概忘记了吧！这份文件很重要。"而是巧妙地进行了暗示："昨天您有没有让我提交一份文件，老实说我现在找不到它在哪了。"戴尔听到这句话后立即响起来昨天忘了签字的事情，于是立即拿出文件签字，然后将其交给凯文。

除了以上几种常用的方法之外，一个精明的员工还可以找到其他说话的方式让这些错误消失于无形。当然，无论哪一种方法，员工都需要坚持一个基本原则，那就是尽量不要让这些错误困扰到老板，尽量不要让这些错误成为制造尴尬的罪魁祸首。

所以，对于员工来说，必须时刻保持清醒的头脑和随机应变的能力，要明白职场文化中最大的一个潜规则：没有说错话的老板，只有不会说话的员工；没有犯错的老板，只有不懂得解决问题的员工。

2. 承诺太多反而会失真

国内某大学曾经做过一个有关承诺的调研，发现正常朋友之间的许诺率是30%左右，也就是说，在你向朋友请求帮忙的事情中，只有30%的事情会得到对方的许诺。至于其他70%的事情，有些是朋友直接拒绝的，有些是对方需要认真思考的，或者对方无法明确自己一定会顺利完成这些承诺。

而对于那些喜欢承诺别人的人来说，承诺的概率可能高达80%甚至是90%以上，而这种高承诺率所带来的直接结果就是低践行率，也就是说，当一个人承诺得越多，也越轻松的时候，往往越难以实现自己的承诺。

关于这一点，其实我们可以从生活中找到更多的案例进行佐证。比如中国最典型的酒桌文化，在酒桌上，经常有一些人会夸下海口说要做什么事情，或者直接义气地表示要帮助朋友解决问题。这些话往往会让酒桌上的其他人感到开心，但问题在于这些话往往只是说说而已，一旦离开酒桌之后，承诺者很快就会忘掉这件事。

在工作中往往也会遇到这样的人。比如有些老板为了笼络人心，一开始就会对员工许下各种诺言，"我会每个月增加工资""我会给那些老员工更多的福利和奖金""我会不定期提拔那些有贡献的员工""我会给每一个员工给予生活补贴"……可是一旦这些诺言说出口之后，老板开始拒不执行，总是一拖再拖，或者就像什么事情也没发生一样。

在这些现象中，有一个共同点，那就是承诺太多而且太容易，结果反而让别人觉得有些失真了。而事实也的确是这样，对于那些经常作出承诺的人来说，由于他们缺乏足够的诚意，也没有足够的能力和精力去践行自己的诺言，因此常常会导致承诺被空置在那儿，最终导致失信于人，而这对于他们的人际交往往往会产生很不利的影响。

因为，一旦这些承诺来得太容易而且没有落实到位，受众对象或者倾听者常常会本能地对这类行为产生一些怀疑。

老子说："轻诺则必寡信。"当一个人习惯性地作出承诺时，反而会因为说话不够严谨、态度不够真诚而不被人信任。

有家社交研究机构就曾询问了几百位受访者，发现他们在最憎恨的朋友类型中，喜欢轻易许诺但从不做到的朋友排在了"最招憎恨的朋友"的第二位，仅次于那些善于"背叛"的朋友。从这个排名中就可以看出，很多人都非常重视承诺，非常看重那些言行合一、信守承诺的人，而一旦有人破坏了这一原则，就会在社交圈中遭到排挤。

帕尔尼是美国一家服装公司的总裁，他在创业的第一天就召开会议,并当众承诺将来要给那些老员工增加奖金,要尽量给那些优秀员工提供住房,并且许诺等公司上市后给予股份。五年之后,公司顺利上市,可是老员工的奖金并没有得到提高;优秀员工虽然年年评选,但是他们并没有获得太多实际的实惠,所谓的住房和股份几乎也没有落实到位。

后来,在工作中,帕尔尼又相继提出各种福利措施,比如承诺减少员工的工作时间,承诺安排员工外出旅游,承诺在厂区建造一个学校,但是最后什么都没实现,员工们发现自己的老板几乎什么也没做。

正因为如此,员工们渐渐失去耐心和信任,开始消极工作,加上公司遭遇了一些商业纠纷,结果帕尔尼的公司很快面临困境。这个时候他又开始鼓动员工努力工作,并承诺将会为那些业绩出众的员工提供车子和房子,但问题是根本没有人相信他的话。就这样,帕尔尼失尽人心,并且在不久之后宣布破产,而"帕尔尼"也成为失信者的代名词。

法国心理学家皮埃尔认为,愉快交谈是人际关系的第一重升华,承诺是人际关系的第二重升华,兑现诺言是第三重升华。法国著名的作家巴尔扎克也说过:"如果你想要成为一个有出息的人,那就把诺言视为第二宗教,遵守诺言就像保卫荣誉一样重要。"对于那些信守承诺的人来说,他们会谨慎作出承诺,也会尽可能做出一些合理的承诺,而不是夸夸其谈或者单纯地为了做一些表面文章，或者仅仅将承诺作为吸引别人的一种表达方式。

那么对于我们来说，该怎样去做出承诺，又该怎样慎重地对待自己的每一个承诺呢？对于每一个承诺，我们是否需要认真去思考呢？其实最重要的就是要确保一种严肃认真的态度，要确保自己不是一个注重口头表达而不看重实际表现的人。

因此，我们在表达的同时更加注意把握好一个尺度，要尽量避免说一些自己不想去做或者做不到的事情。

首先，要拒绝答应那些没有认真思考的事情。毕竟对于那些没有认真思考和分析的事情来说，我们通常无法去判断自己是否适合去做这些事，是否会对自己的生活或者工作造成什么严重的影响。如果我们一开始就想要避免陷入麻烦，那么就不要轻易答应别人，更不要轻易做出什么承诺，以免到时候因为进退两难而失信于人。

其次，要拒绝场面话的承诺。因为，场面话更多时候只是一种客气地表示，实际上并非我们心甘情愿想要去做的事情，正因为如此，我们在应对这类情况时一定要谨慎，千万不要图一时口快就承诺别人什么，以免给自己挖坑。而且在场面上很多人都知道承诺的价值并不高，轻易做出承诺反而会影响到个人的形象。

再次，不要因为感情用事而作出承诺。由于我们是感情动物，在很多时候容易动了感情而轻易作出承诺，其实这种承诺并不理智，一旦我们的感情平复之后就可能会因为自己的承诺而后悔，或者说践行诺言的兴趣会大大降低。为了避免让自己成为一个只说不做的人，我们在作出承诺之前一定要三思而后行，尽量不要被一时的感情所影响。

最后，避免作出言不由衷的承诺。在很多时候，如果我们不想做某事，那么就不要轻易答应别人，这样对自己对他人都是一种尊重。而且对于那些言不由衷的人来说，他们的表情和态度都会给出一种暗示"我不太想做这些事"，这些表情也同样会被其他人发现，一旦我们在这种状态下做出承诺，反而容易被对方误认为是一种不负责任的欺骗行为。

对于任何一个人来说，诺言都是正式的、严肃的、神圣的，每一个人都必须谨慎对待自己的诺言，必须严格把控自己要对别人许下的诺言，只有认真思考后的诺言，才值得去做，才有信心去践行。也只有严格把控好承诺，我们才能够更好地树立一个讲诚信的形象，才能因为恰到好处地表达而赢得别人的信任和欢迎。

3. 正话有时候也要反过来说

春秋战国时代，齐景公喜欢养鸟。某一次，一只宠物鸟溜走了，于是他准备杀掉养鸟的人。大臣们准备替养鸟人求情，却被训斥了一通。晏子虽然不赞同齐景公的做法，但却在朝堂上当面指出了养鸟人的三大死罪：第一，大王让他养鸟，但是鸟却飞走了；第二，大王因为一只小鸟生气，甚至为此动怒杀人而气坏了身体；第三，大王因为杀人而背负了不仁不义之名。这三句话虽然句句指责养鸟人的不是，其实是在暗示齐景公的做法不合理。最终齐景公羞愧地免除了养鸟人的死罪。

在这段有名的对话中，晏子采取了一种完全违反常规的规劝方法，首先他并没有像其他人一样为养鸟人进行辩解，而是站在齐景公的立场上说话，开始指出养鸟人犯了死罪。而在给养鸟人安装罪名时，他使用的是一种递进的方式，先说养鸟人让鸟飞走的过失，然后指出了由于这些过失导致了君王生气杀人,并因为杀人而背负坏名声的后果。在这个递进的过程中,最关键的并不是要治养鸟人的死罪,而是重点凸显出自己所要表达的观点:因为鸟而杀人有失仁义。

齐景公并不是一个完全糊涂的君王,他也知道因为一只鸟而杀人可能会让自己背负恶名,这对于自己的统治以及在诸侯国中的名声来说都会造成恶劣的影响。所以他很快听出了晏子话中那种巧妙的暗示,并且欣然接受了晏子的另类劝说。

如果对晏子的话进行分析,那么就可以发现他实际上使用的是正话反说的方式来表达自己的观点,而这种方法在很多时候往往比直接提出自己的观点要更加有效,尤其是当对方对直接表达的观点感到厌烦和反感时,正话反说更容易通过反向逻辑和逆向思维促使当事人意识到问题的严重性。

从心理学的角度来说,说反话实际上是一种诱导和刺激机制,可以说晏子所用的方法其实也可以算作是一种攻心计。这种诱导机制在日常生活中其实用途很广,比如当我们怂恿某个人去做一件难度比较大或者危险程度比较高的事情时,正面的鼓动和激励可能并不会产生太大的说服力。这个时候,如果改变策略,讽刺对方是一个胆小鬼,绝对不敢做这件事,那么对方反而有可能在刺激下主动去做,这样我们就可以顺利引导对方行动。

关于正话反说,一些心理学家曾经做过类似的研究,他们发现正话反说在某些时候会具备很大的沟通优势。

比如，美国著名的心理学家查尔斯·韦伯曾经就做过一项关于"说反话"的研究。在韦伯看来，人与人之间最初的相处模式大都是相互对抗的（这是个人自我保护意识的一种直观反映），也就是说，当两个陌生人相遇的时候，彼此都在进行自我保护，并容易在意识层面出现某种对抗性。所以当一方提出某种想法时，另一方的反应通常是漠不关心，或者在内心予以否认。在这种情况下，正面的劝说往往并不能让对方做出妥协，反而会将相互之间的隔阂进一步表现出来。

而正话反说则有效解决了这个问题，因为正话反说带有一定的迁就性与迎合性，但是本质上却是一种反向的暗示，说话者通常会先尊重对方的观点或者想法，然后按照对方的思路出发，采取逐步递进的原则，慢慢找出对方想法中的破绽。当说话者一点点引出那些错误，并将其慢慢放大之后，自然就轻轻松松瓦解了这些不合理的观点，并且也让对方意识到了这个问题。

这是一种非常巧妙的沟通方式，它有效地运用了心理学上的方法以及思维方式，成功地将对方纳入到自我寻找和自我批判的思模式当中来，而不是强制地告诉对方"你做错了"或者"你错在哪里"。当然，为了达到更好的沟通效果，说话者必须对自己所说的反话进行合理设计，并巧妙地安排好每一个步骤。

韦伯曾经对正话反说的方式进行总结，提出了相关的模式和顺序：

假装迎合→深度剖析→引出问题→放大错误

假装迎合是打消对方顾虑的重要步骤，可以说通过表面形式上的迎合，就可以为双方的顺利交流定下一个基调，以此来确保对方对说话者的话感兴趣，从而为后续观点的提出创造更好的条件。而假装迎合的前提就是要懂得察言观色，说话者一定要仔细观察对方的一举一动，要明确了解对方真实的想法以及内在的心理活动，这样才能对症下药。

深度剖析是第二个步骤，说话者在顺着对方的意思提出观点（反话）之后，对这些观点进行深入分析。简单来说，就是运用推理的方法来寻找更多支撑性的理由，或者对这个观点进行延续和拓展。而事实上，这些理由和延伸的内容往往都不够严谨，说话者会想方设法在分析的过程中找到破绽。

这些破绽实际上就是所谓的瑕疵和问题，说话者接下来要做的就是重点引出这些问题，从而证明这些观点的不可靠性。从劝说的角度来说，引出问题是制造对方思想矛盾的关键步骤，目的就是让对方意识到自己观点中存在的矛盾，从而慢慢产生动摇。

一旦对方出现动摇之后，说话者可以乘势追击，将对方思想观点中的问题和错误进一步放大。通常来说，放大错误主要是对引出的问题进行延伸和渲染，扩大错误的负面影响，从而进一步引导对方放弃错误的理念。

这里的逻辑递进往往更加明确，而且会将说话者最强有力的论据指出来，比如晏子在劝说齐景公时，重点提到的是因鸟杀人而背负"不仁不义"的恶名，这对齐景公来说无疑是不可接受的，所以他很快意识到了自己的错误。

在整个过程中，说话者一定要保持自然和耐性，绝对不能操之过急，只有慢慢深入，慢慢引出问题，才能够让对方更加心悦诚服地意识到错误。因此，说话者实际上扮演的是一个引导者的角色，而不是说服者，说话者要做的就是慢慢展开对方的观点，然后引导对方去发现其中的错误和不合理之处，而说话者本人实际上并不需要发表任何观点和看法，一切都在自然状态中进行。

纽约社交名媛艾莉卡女士说过："如果你试图一上来就针锋相对，指出他人的错误，那么哪怕是再好的观点也会被人嗤之以鼻。"正因为如此，在试图说服与自己观点不同的人时，一定要注意运用更为合理的方法来解决问题，不能我行我素，不能强制地用自己的观点来压制别人的观点。

显而易见的是，说反话是一种非常有效的迂回方式，它表面上将说话者从自己的立场转向了对方的立场，并且尽可能地让自己避免陷入"说服者"的角色之中，从而有效避免与对方发生摩擦和矛盾。这种欲擒故纵的手法，往往更像是一种纠错方式，可以帮助他人及时改正错误的观点，但是从沟通层面来说，无疑是彰显自身观点，确保事情按自己预期发展下去的一种重要方式。

4. 尽量避免命令式的语气与口吻

张伍生是国内著名的编辑，他曾经出过很多关于如何编辑的书籍，也开办过编辑培训班，目的就是为了培养更多的编辑人才。退休后，他并没有完全放弃自己的编辑工作，只要有人上门求助，他也会热心帮忙。

有一次，一个学生上门拜访，希望张伍生老先生可以帮忙校对一篇稿子。在简单介绍完校对要求和编辑要求之后，这个学生急匆匆地离开，然后留下了一句话："我明天来取吧，你必须今天晚上弄完。"

这句话让老先生听了很不舒服，尽管那一次他还是信守承诺帮忙完成了校对和编辑，但是当那个学生第二次再次求助时，他干脆避而不见。而最主要的原因就是因为在第一次帮忙时，学生说的那句话"你必须今天晚上弄完"，这种带着命令语气的话显然是对老先生极大的不尊敬。

其实，在日常交流中，我们也常常会犯那个学生所犯的错误，无论是求人办事，还是托人办事，或者是要求别人做事，我们可能都没有意识到自己说话的方式正在伤害别人的积极性。

在无意识中，我们有时候就会不自觉地蹦出这样几句话："我要求你必须这么做""你必须这么做""你只能这么做"，或者直接说"请在明天给我一个结果"。有时候说者无心，但是对于倾听者来说，一些类似于"必须""一定""要求"之类的词汇往往包含一定的强迫性，而这无疑会让他们感到自己没有获得应有的尊重。

对于多数人来说，他们都希望能够获得平等的交流，能够站在一个对等的位置上与他人进行交流，而当一方出现命令式的话语，当一方试图对另一方做出指示的时候，这种对等局面就会被打破，而对方也会敏感地察觉到这一点，并做出更为消极的反应。尽管有时候他们未必会直接拒绝，但是对于谈话者的话必定丧失兴趣，而且会本能地抗拒。

所以谈话者在希望自己的话语能够被人接受之前，一定要想办法营造一个相对平等的对话环境，至少自己应该保持一个不高于他人的姿态，至少自己应该表现出一种更加谦卑、更加温和的说话态度，而这种态度不仅仅体现在表情上，还体现在一些说话的细节尤其是措辞上。

比如当我们想要让别人做一件事情的时候，可以运用一些更加谦卑礼貌的词汇，像"请""希望""恳求"就是非常合适的措辞。"请您帮我开一下门好吗？""我希望大家可以帮我解决这个问题""这件事有点棘手，所以希望您多费费心"。通过更加谦卑和礼貌地回答，对方更容易被这种低姿态折服，从而更加积极地帮助我们完成工作。

艾科卡在接手濒临破产的克莱斯勒公司时，面临着很多管理问题，其中最严重的就是那些中层管理人员不听从指挥，常常会对抗上级，而这也是克莱斯勒经常更换总裁的原因。为了稳住这些中层管理人员，为了赢得他们的信任，艾科卡从一开始就懂得如何放下自己的地位和权威，每一次下达指令的时候，都会说一个"请"字，从来不会直接安排别人必须完成某项工作。

正是因为足够礼貌，正是因为他的姿态更低，管理也更加人性化，大家最终认可了他的存在，并且认真服从和执行他下达的命令，最终带领克莱斯勒重新崛起。

有时候可以进行主动提问，通过提问来发出请求和邀请，这样也是一种比较合适的表达方式。

比如，我们可以先试探性地征求对方的意见："不知道这件事，你能不能做？""你可以帮我解决一下这个问题吗？""这样的问题有点复杂，不知道你以前接触过没有？"这些试探性的、请求性的问题，往往比较诚实和谦卑，带着一些恳求性的语气，并不会对他人造成什么压迫感，所以对方一旦具备解决问题的能力，往往不会产生什么拒绝的理由。

需要注意的是，在与人交谈或者是商讨某件事或者某个方案时，即便自己的观点是正确的，也不能强制要求对方按照自己的想法去做，而最好还是用商量的口吻说话，"可不可以先采取我的意见行事""你觉得我的想法怎么样？会不会更好一些呢？""你不妨暂时按照我的想法去做，之后再看看具体情况。"保持一种商量的口吻和语气会让对方感受到自己受到了说话者的尊重，会让对方感到自己仍旧拥有一定的发言权，因此抵触情绪和戒备的心理都会适当降低很多。

比如，在谷歌公司，员工的自主权很大，上级在和员工进行沟通交流的时候，往往不会亲自下达什么命令，也不会轻易就否定员工的想法和建议。当他们觉得有必要按照某种方式去工作的时候，会以商量的口吻说话："好吧，现在我们有很多想法，也有很多事情要做，但我还是觉得最好还是先这样去做，不知道你们有什么看法，是不是同意这么做。"有时候员工可能会提出更好的建议，但是多数时候他们都会积极地按照上级指示完成任务。

现在，越来越多的企业管理者更加注重人性化的管理方式。他们更愿意采取更加温和、更具弹性的方式来引导员工，而不是千篇一律地下达指令，"你必须给我完成这项任务"或者"你最好立刻去做，我要在晚上之前见到结果"。在很多时候，管理者也会采取商量的、正面激励的口吻说话:"我希望大家能够继续努力,争取在 x x x(时间)之前完成工作"。而这种人性化的表达方式无疑更让人感到舒服。

5. 注重沟通中的互动交流

2013年，有人向英国演说家贝克·诺维奇提出了一个问题："什么样的演说是最有效率的，是最能积聚人气的？"贝克想了想说："并没有哪一种固定的方式可以说是最好的，但我觉得这个世界上的一切交流都是双向的，因此一些互动性的交流应该更具效率一些。"

而在此之前，贝克的导师克鲁德·贝索就提出过一个类似的观点："一个再高明的演说家也不能一个人在台上自说自话，好的演说并不是一出个人的独角戏，而是一个相互交流的过程。"在这对师徒看来，在演说的过程中，互动交流应该是一个重要环节，也是一个非常必要的环节。

首先，互动交流可以有效避免冷场。 比如，很多谈话者只顾自己发表观点和立场，只顾着自己说一些煽情的话，但是却从来没有想过当一个人一味沉浸在自说自话的状态中时，会怠慢周围的人，毕竟大家都有表达的欲望，一旦某一个人长期占据话语权，而其他人慢慢对这些话题失去兴趣，那么最终可能会遭遇冷场。只有双方及时进行互动交流，只有双方能够分享自己的想法，并且相互支持，那么能够将话题延续得更久一些。

其次，互动交流是确保相互了解的基础。任何时候单向的交流都会带来一个问题，那就是"自我倾向性"。毕竟每一个人都在表达自己的想法，如果这种表达缺乏互动性，每个人都是自说自话，而没有对其他人的谈话进行回应，那么整个交流就会流于表面，所有的谈话者都不过是说了自己想说的话而已，这对于如何说服他人，甚至赢得他人的信任毫无帮助，对这些话题的深入也毫无帮助。只有相互探讨、相互深入、相互借鉴、相互提醒和完善，才能真正做到相互了解，才能做到相互信任。

所以，对于任何一种谈话方式，都需要做到互动交流，谈话者都要努力让对方参与到自己的话题之中来，而不是单纯地先让自己说完然后再让对方说，或者自己全部说完所有的观点。那么如何才能做到互动交流呢？一般情况下，我们该采取何种形式来进行互动交流？我们又该如何去更为合理地设置一些互动环节呢？

——多设置提问

对于一个成熟的交流者来说,他们总是能够明白"提问是一种比较万能的促进交流的方式",对于那些想要将自己与对方紧紧维系在一起,或者渴望让对方对自己的谈话感兴趣,并积极参与到这些话题当中的谈话者来说,他们会经常对倾听者进行提问。

比如,当他们说完自己的观点之后,会针对谈话内容这样询问:"你们知道这意味着什么吗?"或者"为什么A要比B好?""你对这件事有什么看法?"通过提问,谈话者可以将其他人的关注度重新集中在自己的谈话内容上,从而有效确保对方更好地参与到谈话当中来。

哈佛大学的导师卡尔德隆是最近几年常春藤大学中的最著名的演说导师之一。事实上,卡尔德隆的课题并不算太过另类和新颖,他的谈话风格和思想也不算很有创造性,但是学生们都愿意去听他的课,原因就在于卡尔德隆是一个非常善于调动大家一起来进行讨论的导师。

比如在谈到某一个研究课题的时候,卡尔德隆往往会设置很多提问,"你是怎么看待这个问题的?""如果是你,你会怎么去做?""这些事情会不会有什么其他的解决方案?"有人曾经做过调查,发现卡尔德隆经常会在讲演中设置十几个问题,而这些问题很好地构成了讲演的大致结构,并且将学生们的思维紧紧维系在话题上，并且保证了师生之间的沟通。

——引导性的话

对于那些擅长交流的人来说，他们非常善于引导对方说出自己的想法，非常善于让对方参与到交流之中，而在想办法让对方开口说话这件事上，他们的做法通常不是直接进行提问，也不是直接邀请对方谈论一下话题，而是采取一些具有引导意味的方式。

比如，有的管理者为了激发员工的想象力，为了让员工能够提出好的意见，会故意采取激将法："看来没有人能够给出什么好意见了""看来我们只能安于现状了"。

有的人在解决问题的时候，为了引出别人的想法，同样会说一些刺激性的话，比如说"这个话题看上去很难""我觉得大概没人可以给出更好的结果了"，这些话表面上会挫伤他人的积极性，但是却具有很好的激励效果，对方可能会自告奋勇地给出一些更为合理的建议。

激将法是一种非常常见的引导方式，而另外一种引导方式也比较常见，那就是主动让其他人说出一些大家都熟知的事情。

比如，很多人在提到某件事的执行步骤或者方案时，会先说出其中的一部分内容，然后再试图让其他人引出下面的那一部分内容，因此他们经常会说："好吧，接下来，我们该做的事情是——"。这种只说一半的话，往往可以激发其他人的互动性以及配合的意愿。

其实，除了以上这两种比较常见的交流方法之外，很多谈话者在表达之后会要求倾听者进行提问，而自己则负责回答问题，从而实现角色的转换。这样的转换可以有效确保倾听者及时参与到谈话中来，而且能够保证倾听者更好地理解谈话中的那些信息。

而无论是哪一种方法，本质上都是为了确保双方可以针对某一个话题产生"你来我往"的互动状态，所以只要能够保证交谈双方可以产生更多双向的交流，可以针对某一个话题进行探讨，这样的沟通方式才是健康的、合理的、可持续的。

第八章

成为沟通交际达人

1. 聪明人不妨说一点糊涂话

有人问明代画家郑板桥"为人处世的最高境界应该是怎样的？"郑板桥想了想，于是在扇子上写上"难得糊涂"四个字，紧接着他还对这四个字进行了解释："聪明难，糊涂难，由聪明转入糊涂更难。放一着，退一步，当下心安，非图后来福报也。"

在郑板桥看来，做人就要懂得装糊涂，尤其是那些聪明人更要懂得假装糊涂，要在人前表现出笨拙、糊涂的一面，要懂得说一些笨拙的话，而这才是真正的大智慧，才是说话的最高水准。

在《三国演义》中，智谋几乎成了主旋律，其中智慧超群的能人很多，但是以最苛刻的要求来评判，能够称得上完人的人并不多。诸葛亮虽然聪明过人，能言善辩，但是智而近妖；曹孟德也是智勇双全的人，但是智而奸诈；司马懿一生都在筹谋，可惜智而阴险；周公瑾无论是言辞，还是带兵打仗的能力都是一流的，但是智而自负。这些人都是整个三国中的说话高手和谋略高手，可是他们的聪明往往都在言语中显露无疑，因此处处遭人防备。

而在所有的聪明人当中，只有东吴的鲁肃堪称完美。有人认为鲁肃只是一个大脑反应迟钝且不怎么会说话的忠厚之人，但实际上忠厚老实只是他留给别人的形象，真正的鲁肃是一个非常善于假装糊涂的高手。

无论是与诸葛亮对话，与周瑜交谈，鲁肃总是表现出一副什么也不知道的样子，而且还常常说错话，但实际上，他对于所有事情都掌握得一清二楚。

比如，在拜会刘备准备邀请刘备一同对抗曹操的时候，他就已经知道了诸葛亮的计谋和心思，只不过却故意装作无知，刻意在言语上表现得很傻，还故意在言语上示弱。在与周瑜商议是否要联合蜀军抗曹的时候，也是假装自己很笨，什么重要的话都让周瑜说了出来。

从表面上看，诸葛亮和周瑜都要比鲁肃更加聪明，但实际上，鲁肃只是更加注重隐藏自己罢了。他知道有些话不能说，有些小聪明不可表现出来，因此从来不像其他人那样能言善辩，但正因为如此，他可以非常自如地在两个聪明人之间周旋，从而促进了东吴和蜀国的联盟。

事实上，鲁肃一生没有树敌，没有得罪过任何人，而且总是以一个为人忠厚老实、说话木讷的形象出现，但他的才华却不比周瑜和诸葛亮等人差。根据历史记载，鲁肃也曾向孙权提出类似于三足鼎立的策略，这与诸葛亮几乎如出一辙。而周瑜也知道鲁肃是个聪明人，于是死前向孙权极力推荐鲁肃当都督，原因就在于鲁肃是一个假装糊涂的聪明人。

其实，多数人都希望让自己变得更加聪明并处处展示自己聪明的一面，但事实上相比于聪明，装糊涂才是一种更高的境界，揣着明白装糊涂更是一种难得的智慧。相比于那些轻易表现聪明才智的人来说，假装糊涂的人往往更能够保护自己。

有些人表面上看起来很精明，说起话来从来都不会吃亏，办起事来也非常到位，但往往容易乐于表现自己而做错事，也往往因为过于聪明而引起别人的嫉妒和防备，而且聪明人往往容易因为过度自信而在不经意间犯下错误；而有些人表面上很糊涂，甚至常常说一些不着边际的傻话，但实际上内心比谁都要清楚。相比于那些注重自我表现的人来说，装糊涂的人更加注重对大局的把握，他们往往更能够处理好人际关系。

那么在与人交流的时候该如何假装糊涂呢？一般情况下，我们可以掌握一些基本的说话技巧。

——故作无知

想要让自己看起来更加糊涂一些，最好的方法就是故意在言谈中展示自己的无知，比如当其他人都能够滴水不漏地说话时，我们就要反其道而行，即主动问一些非常简单的问题，主动说一些没头没脑的话。

就像大家在讨论某个简单问题时，很多人都会快速说出准确的答案，而聪明人就应该多问几句："这是为什么呀？""这句话到底是什么意思，怎么我还是没听明白呢？"这种装傻的姿态往往会让对方觉得我们无法理解这些问题。在很多时候，他们明明知道了某件事的答案，却还要主动向人请教，这也是装傻的一种方式。

——经常说错话

在日常交际中，我们都在尽量避免自己说错话，也都希望自己可以更加准确地表达自己的观点，可以让自己的观点被更多的人接受。但是为了假装很糊涂，有时候主动说错话、故意说错话显得很有必要。比如故意对一个简单的问题进行曲解，故意给出一个错误的答案，或者故意说出一个不合理的方案，这些都是自我伪装的好办法。

——给自己找缺点

对于正常人来说，他们都渴望在别人面前展示出自己完美的一面，因此总是会想办法将自己的优点展示出来，而隐藏自己的缺点。不过对于假装糊涂的人来说则要反其道而行，他们会主动在别人面前进行自我贬值：隐藏自己的优点并说出自己的缺点。这种自我贬值的行为往往会给人造成一种错觉，让他们误以为说话的人真的很傻。

多数人都认为自己说了越多的聪明话，就越讨人喜欢。但很多时候，当我们说出那些自以为漂亮和聪明的话时，可能会引起别人的戒备和反感，而且还可能会招来一些不必要的麻烦。其实真正的聪明应该是一种掩饰，而不是一种张扬，一个聪明的人懂得如何在别人面前更合理地展示自我，懂得如何进行自我保护。

2. 以柔克刚的说话艺术

　　明朝末年的大将洪承畴是一位有名的军事家。由于具备出色的军事能力，朝廷一直都非常看重他。当皇太极率领清军入关时，崇祯皇帝任命洪承畴为掌管蓟辽军务的总督。当清军入关后，崇祯皇帝被杀，洪承畴也被皇太极俘虏。当时皇太极非常欣赏洪承畴的才能，于是有意劝降，可是任命那些说客如何劝说，他始终不为所动。皇太极还威胁他说："如果不投降清军，那么就要杀掉他全族人。"

　　洪承畴在面对各种威逼利诱时，始终保持气节没有答应，甚至在狱中绝食相抗，皇太极对此毫无办法。

　　当时皇太极的妃子庄妃得知这个消息后，主动请求去监狱里劝说洪承畴。第二天，庄妃就化装成一名丫鬟来探监。监狱长和洪承畴说话时，洪承畴一直都面对墙壁坐着，然后在那里默默流泪。无论别人怎么叫他，他都不转身，也不说话。

庄妃于是非常温柔地说道："我早就听说过将军的威名，实在不忍心看到您这样的英雄人物要在监狱中绝食而亡。为了让您死得更有尊严一些，我给你带来了一些毒药。"

洪承畴愣了一下，于是转过身。庄妃这时候将带来的人参汤一点点喂到他的嘴里，然后温柔地进行劝导："一个人想要死非常容易，但为什么就不能做一些更有意义的事情呢？将军是一个盖世英雄，如果因此而饿死在监狱里实在太可惜了。"庄妃的话说得轻柔而温暖，加上滋补的人参汤，这一切都让洪承畴觉得心头一热。

接下来，庄妃又不断加以劝导，语气之柔和、声调之优美，让洪承畴也忍不住慢慢打开了心结。洪承畴听着眼前这个丫头说话，内心非常疑惑，他并不相信一个丫头可以说出这样的话来，于是进行追问。庄妃见时机成熟，于是说出了自己皇太极妃子的身份，这让洪承畴感动不已，他万万没有想到堂堂一个君王的妃子竟然会这样贴心地伺候自己，于是被感动了。

没有人会怀疑洪承畴的气节，没有人怀疑他的忠诚，可是这种刚强的个性最终还是被女人柔和的几句话给感动了，这是典型的以柔克刚。

事实上，以柔克刚是一种非常有效的交际方式和处事技巧。

比如，在很多时候，我们都习惯了用最直接、最强硬的方式去解决问题，用最刚强的方法去说服别人。但这些以强克强的方法并不能很好地解决问题，因为一旦我们的态度太过强势，一旦我们的语气太过强硬，就可能会引起对方更加强烈的回击，这种硬碰硬的方法可能会让形势失控。而采取柔弱的姿态去面对别人的强硬态度时，往往可以起到舒缓的作用，从而确保对方不会做出什么反击行为。

老子说上善如水，一个聪明的沟通者就应该像水一样展示出最柔和的一面，尤其是在交谈双方出现尖锐的对立冲突时，或者面对一个非常强势的对手时，更需要放下那种强势回击的姿态，而要主动采取一种更加柔和的交际方式来处理彼此之间的矛盾。在家庭生活中，那些性格强势的妻子往往无法处理好夫妻之间的关系，而言行举止比较温柔的妻子，往往可以更好地"管理"丈夫。

很多企业喜欢选择女性作为推广人员或者客服人员，所看重的就是女性身上特有的那种温柔和气质。因为在与客户进行谈判的时候，女性的优雅和柔和姿态往往会为公司树立一个良好的形象，而在具体的谈判过程中，也容易软化客户们的立场。再加上女性在情感上的细腻特质，以及为人处世上的亲和力与感染力，这些都确保她们在社交活动中的话语会更具有说服力，而且也会更占优势。

其实，柔是一个富有内涵的概念，更是一种非常出色的社交技巧，能够成熟地运用柔性来解决问题，成功地运用柔和的言语来说服别人，往往对个人社交关系的拓展、对个人生活和工作的稳定都会起到很大的帮助。

不过有些人对于如何在语言中运用柔会产生误解。比如，有的人会认为"柔"，就是单纯的说话温柔，认为"柔"就是认错。其实柔的概念非常广，技巧也非常丰富，在面对不同的问题和不同的对象，我们可以采取不同柔和方式来说话。不过在一般条件下，在运用以柔克刚的方法说话时，还是应该把握以下几个原则：

——保持低姿态

对于那些主张以柔克刚的人来说，首先要做的就是表现出一个低姿态，要懂得降低姿态来与对方进行交流，这样一来，就容易让对方放下戒备。

比如在讨论问题之前，可以谦卑地说："您在这方面了解的东西比我多，我只是略知皮毛，然后随便说点什么而已。"或者说"我希望可以向您请教一下"；在开口表达之前，可以说"我希望您能够针对我的观点和想法给出一些指导性的意见"。无论如何，保持一种谦卑的对话姿态往往因为有助于对方放下戒备之心，而让我们在处理人际关系的时候占据更多的主动性。

所以在对话的时候，一定要放低姿态，要将自己看得更轻一些，要在言语上拨高他人而贬低自己，要懂得用尊敬的语气与别人交谈，并且多使用一些谦卑而礼貌的字眼。

——保持弹性

由于每个人的想法不一样，所处的环境以及个人身上的特征也不一样，因此想要完全保持默契，想要完全保持立场的一致比较困难。针对这种情况，矛盾双方最应该做的就是相互调解，就是要尽量确保言语上的弹性，千万不要把话说得太绝对，凡事都可以慢慢调整和迁就。而保持柔和的状态，实际上就是追求一种言语上的弹性，就是要想办法让矛盾双方有条件、有余地去做出调整。

对于那些想要顺利达到目的的人来说，必须要懂得保持温和的态度，要尽量少说一些绝对的、肯定的、强硬的措辞。

"你必须这么做""我绝对不会同意的""这事根本没得商量"之类的话很容易破坏交流氛围，一下子就将话题推到死胡同里去。如果我们保持弹性，说一些迎合对方的话，说一些类似于"凡事都有商量的余地"之类的话，就可以有效地缓和对方强硬的语气和态度。

——淡化分歧

对于存在分歧的对话双方而言，最重要的还是要软化立场，淡化彼此之间的分歧，因此在谈话中，我们需要在谈话中尽量规避那些更容易产生矛盾的话题，要规避那些分歧，或者多寻找一些具有共性的东西。

比如丈夫喜欢吃面条，妻子喜欢吃牛排，为了说服妻子去吃面条，丈夫是不是应该直接告诉对方"牛排有什么好吃的，还是吃面条吧"？这样的对话显然会让妻子感到不舒服，而双方一下子就将饮食方面的分歧放到台面上来说，这会破坏吃饭的氛围。如果丈夫说得委婉一些："牛排也不错，不过我今天很想有人陪我吃面条，要不咱们下次再一起去吃牛排，怎么样？"丈夫通过对话来表明不反感吃牛排，而这样的表态更容易让让妻子接受。

为了避免双方争执不下，丈夫有时候可以这样说："要么我们去吃烧烤吧，好像我们俩已经好久没有去吃了。"通过双方都爱吃的烧烤，丈夫可以成功转移风险，及时消除双方之间的矛盾冲突。

——提出暗示

在很多时候，直接提出意见或者建议可能会让别人感到不舒服，甚至会认为你在挑衅。为了避免发生冲突，我们在指出他人不合理的言行时，千万不要直接提出反对意见，或者表达自己的不满，而是想办法进行暗示，通过旁敲侧击来暗示对方这件事不应该这么做，这样毫无疑问会更容易被对方接受。

比如当老板决定将产品销往某个市场时，员工认为这个市场毫无挖掘潜力和盈利空间可言，因此决定劝说老板打消这个念头，那么员工该怎样进行劝说呢？

直接告诉老板"你的决定是错误的"，这样的方法显然行不通。

最有效的规劝办法就是进行暗示。事实上，员工可以这样说："你说的这个地方我知道，我曾在那儿工作过一段时间，那里的人可不像我们这里，几乎很少购物，民众的消费水平比我们这里最起码落后十五年。"很显然，一旦老板听说这个地方的购买力低下，就会意识到自己的决策可能是错误的，从而改变计划。

在一般情况下，我们可以采取以上几种方法来表达自己的观点，可以通过以上几种技巧来展示自己柔性化的一面，从而确保对方可以更顺畅地接受我们提出的想法。除此之外，我们还可以针对具体情况做出调整，而无论是什么方法，核心都是尽量避免强强对抗，都是尽量避免直接用强势的话语压制别人，这是确保双方发生直接冲突的一个重要因素。

3. 以退为进说服他人

有个年轻人向成功学大师拿破仑·希尔诉苦："为什么我总是没有办法说服别人，尽管我掌握的知识更加丰富，尽管我的观点更加合理，我的论据也更加充分，但对方就是不赞同我的想法，他总是会提出一些怪异的观点来反驳我。请问有没有一种方法能够更好地说服那些反对者呢？"拿破仑·希尔想了想说："最简单的方法就是先认同对方的观点。"

乍一听起来，大家都会觉得拿破仑·希尔把话说反了，事实上想要说服别人，尤其是那些观点和自己截然相反的人，最应该做的不是要想办法从对方的观点中找出破绽，并针对这些破绽和不合理的地方予以反驳和争辩吗？为什么拿破仑·希尔要反其道而行呢？

其实想要了解这一点，可以看一看作家吉拉德·黎仁柏在《打入别人的心》一书中所说的一段话："在你表现出你认为别人的观点和感觉与你自己的观点和感觉一样重要的时候，谈话才会有融洽的气氛。在开始谈话的时候,要让对方提出谈话的目的或方向。如果你是听者,你要以你所要听到的是什么来管制你所说的话。如果对方是听者,你接受他的观念将会鼓励他打开心胸来接受你的观念。"

在吉拉德·黎仁柏看来,适度接受他人的话,或者适度迎合别人的观点,是说服别人的前提。这段谈话很好地解释了拿破仑·希尔的观点,也就是说,我们在试图说服别人的时候,不要一味使用蛮力,不要总想着"我比对方了解更多""我的话更有道理""我的想法更加合理",而应该掌握一些更为巧妙的沟通方法,要懂得先迎合、先妥协。从长远来看,这是一种以退为进的方法,目的就是利用暂时的退让和妥协来制造更好的交流空间。

这种表达方法其实和著名的欧弗斯托法则有异曲同工之妙。英国心理学家欧弗斯托认为要想成功说服别人,那么首先要在开头就使对方不作出反对,通常的做法就是认同在先,说服在后。很显然,欧弗斯托法则完全可以作为提升说服力的一个重要方法。

无论是拿破仑·希尔,吉拉德·黎仁柏,还是欧弗斯托法则,其核心的思想都是暂时的妥协。很显然,在他们看来,人与人之间的沟通存在一个天然的障碍,那就是人与人之间不能够保持完全的一致,也不能够保持同步,而这一切与个人的性格、认知水平以及认知方式有关。天然的分歧往往会造成立场上的对立,而这并不是依靠简单的"我的想法更好、更有道理"之类的几句话就能解决。想要轻松化解分歧,就必须懂得使用一些高明的沟通策略和交流技巧。

"以退为进"这一交流技巧,在人际关系处理和日常的交流活动中具有重要的作用。由于我们在表达的时候,主要目的是让别人了解自己的想法,而不同人之间的想法往往不相同,在这种情况下,多数人在说话时都会自觉不自觉地保持进攻型的态势。这种进攻态势往往会让矛盾双方处于针锋相对的局面之中,而这会导致任何一方说服力的下降,也会影响到双方的关系。只有某一方先能够退让一步,才有可能将双方的分歧暂时抹平,然后再想办法进行劝说。

在这个过程中,"退让"是第一步,也是最重要的一步,它直接为后面的说服力奠定了基础。那么怎样才能更为自然地在言语上"退让"呢?怎样才算是真正的迎合呢?在这里主要有几种方法:

——适当赞同对方的观点

所谓适当赞同实际上就是指部分赞同而不是完全意义上的赞同,比如可以就对方谈话中的某一个片段做出肯定性的评论:"我认为你刚才说的那一点非常正确""你对于×××的第三条建议非常棒""你后面那一部分话非常到位",或者可以这样说"换一个角度来说,你的观点很不错""从某种意义上来说,这样的说法也能成立"。很显然,通过适度的赞美,可以有效拉近彼此之间的关系,至少双方的分歧会被极大地消除掉。

——适当指出自己的错误

为了尽可能让对方在对话中掌握优势或者保持优势地位，我们可以采取自我批评的策略，先主动"坦白"自己话语中、观点中一些不太合理的信息，比如告诉对方"在这一点上，我可能真的不如您""我说的这些观点并不完全正确""有些观点还是应该听您的"，通过自我批评，可以有效降低双方的冲突。

——让对方多说一点

为了在话语中对对方呈现压倒性的优势，我们通常都会选择多说话，会选择先占据话语权的方式来表明自己的强势，既然如此，我们可以采取出让话语权的方法，尽可能让对方先说。"我想听听您的看法""你不妨多说一些，我也好深入了解您的观点"。一旦我们展示出这种倾听的姿态，对方可能会觉得我们缺乏理由，可能觉得我们理屈词穷，可能会觉得我们开始认同他们的观点，无论如何这都会让他们降低戒备去谈论更多内容，而这样一来我们将有更多机会找出破绽。

等到做足"退让"的文章之后，我们就可以在对方降低防备或者出现错误之后，采取进攻的态势，这时候对方反而会表现出一种配合的态度，而这有助于我们更好地阐释自己的观点，也有助于这些观点被对方接受。

4. 谦卑的说话之道

维多利亚女王是英国汉诺威王朝的最后一位君王，也是英国在位时间最长的统治者，可以说地位尊贵，不仅仅是在英国国内，几乎每一个欧洲的政治家都会给予她足够的尊重。但对于维多利亚女王来说，她之所以能够赢得大家的爱戴和尊敬，不仅仅在于个人尊贵无比的政治地位，更在于杰出的社交能力，以及出色的才华和智慧。

事实上，维多利亚虽然地位尊贵，但她的丈夫阿尔巴特却显得很普通。在这场地位悬殊的婚姻中，维多利亚女王并没有因此而瞧不起自己的丈夫，而是想办法降低姿态，以一种谦卑的、温和的姿态与丈夫共处，双方结婚多年关系一直非常融洽。

有一次，夫妻两人在讨论问题的时候由于意见不同而争吵起来。当时阿尔巴特认为妻子仗着女王的身份而语气强硬，没有尊重自己的想法，于是非常生气地停止了讨论，然后一赌气就跑到卧室里，然后锁上了房门。而事实上，维多利亚女王只是坚持自己的立场和看法而已，并没有瞧不起丈夫的意思。看到丈夫回到卧室，维多利亚女王只好去书房处理工作。

等到处理完国事后，女王准备到卧室休息，可是发现门被丈夫锁上了，于是只好敲门。这个时候，阿尔巴特还在气头上，他没好气地故意问道："是谁在敲门？"维多利亚听出了丈夫的怒气，于是直接作出回应："英国女王。"

阿尔巴特听了非常生气，一直坐在床上就是不给开门。维多利亚看到丈夫没有开门，只好继续敲门，丈夫这一次没有立即起身，而是重复着提问："是谁在敲门？"这一次维多利亚女王直接回答："是维多利亚。"可是门依然没有打开。

见到丈夫还是没有开门，维多利亚在门外想了想，于是非常轻柔地敲了敲门，阿尔巴特仍旧询问是谁在敲门。

而这一次维多利亚女王非常温柔地回答说："我是您的妻子，阿尔巴特先生。"听到这句话后，阿尔巴特很快打开了房门，两个人相视一笑，很快就和好如初。

从这个故事中，就可以看出维多利亚女王的为人处世之道其实就是保持谦卑、低调的姿态，就是确保自己的言谈举止不会对其他人造成什么压迫感，而正是依靠这种低调的说话方式，她成为所有人尊敬和信任的政治家。地位尊贵的人尚且如此，对于一般人来说，更应该保持谦卑和低调的说话姿态，这是确保个人谈话更容易被人接受的一个重要保障。

在日常生活中，我们可以看到那些说话低调的人往往比较稳重，凡事都懂得迎合别人，都懂得以谦卑的心态与人交往，他们很少说大话，很少说狠话，很少在语言上给予别人更大的压迫，也很少炫耀自己的优势，而是始终坚持以尊重别人为主，即便是对他人的观点不太赞同，也绝对不会在言语上得罪对方。

而这种说话低调的人往往更受别人的欢迎，而且还更容易产生说服力和影响力。美国社会学家威尔·兰多夫曾经说过："这个世界上有两人很容易赢得别人的尊重，一种是极度自信且具有魄力的人，他们更习惯于发表一些强有力的宣言，更习惯利用自己的发言来制造权威，因此他们是天生的领导者。还有一种人是名义上的谦逊派，他们奉行的策略就是保持言行上的低调，并且谦卑地对待这个世界，并依靠自己的低调言论影响到身边所有的人。"相比之下，后一种人更具普遍性，他们所坚持的低调风格也更具可操作性。

威尔·兰多夫还认为："有时候人们喜欢那些自信的人，除了那些言语张狂的人之外，而在多数时候，他们都会说'我喜欢那个谦逊的小子'。"在他看来，大家对于低调表现的人更容易保持平和的心态，也更容易接纳他们的存在。

很多人认为，保持一种外扩型的、表现力更强的语言风格很有必要，但从最终的效果来看，保持谦逊和低调反而是话语中一种重要的风格，它更有利于我们处理好人际关系，获得更加稳定的社交环境。同时，也更能体现出一个人的说话境界，体现出一个人的处事智慧。当然，保持谦卑和低调并不是一种简单的口头表示，也不是一种简单的示弱，需要把握相关的技巧，需要我们认真对待自己的话。

一个人想要确保自己的谈话更加谦卑和低调，就需要把握一些说话的内容和方法，就需要从细节上对自己的表达进行调整：

——迎合别人

保持谦卑的第一个原则就是迎合别人，这是保持个人低调态度的一种表现方式，也是引起别人关注和信任的一个方法。具体的做法就是，当别人提出某个观点时，尽量给予赞美和认可，或者至少让对方觉得你对这个观点抱有兴趣。所以经常说"我认同你的看法""您的看法挺有意思的"之类的话可以有效迎合对方，从而让对方对你更加信任。

——经常请教

在一个人人都渴望展现出自己实力的年代里，经常向别人请教往往可以将自己谦卑的姿态展露无遗，而这也毫无疑问地让自己低调的形象变得更加深入人心，而那些接受求助的人往往乐于充当导师、解答者的角色。所以我们不妨在交谈的过程中多问一些问题，或者对他人说："您可以帮我解答一个问题吗？""我希望能够倾听一下您的教诲"，这样就可以满足对方高高在上的心理需求，并衬托出他们的地位和能力，而这些对于我们顺利接近对方大有裨益。

——注意倾听

对于谦卑的人来说，他们并不着急表达自己的观点，而是主动请对方发言，自己充当倾听者的角色。因此在很多时候，他们可以这样告诉对方："对于这些事情，我并不太了解，所以还是您来说吧。"主动保持倾听，这会让自己看起来更加弱势、更加温和，对别人的尊重也更加明显。

——自我贬值

谦卑和低调的人往往会适当隐藏自己的能力，会适当贬损自己的智慧，以至于当别人提出某个问题的时候，即便他们非常了解，也常常会说"我对这些问题并不太了解""我只是略知一二""恐怕我还应付不了这样的事情"，或者说"我的能力有限，能做的可能并不多"。这些往往都是一些不错的谦辞，能够有效保护自己免受他人的嫉妒和伤害，而且也会在群体中保持一个相对安全的形象。

对于那些担心遭人嫉妒或者引发别人不快的人来说，他们完全可以通过以上几种说话方法来掩饰自己的能力，完全可以在说话当中保证自己更受欢迎。

5. 自然朴素的语言魅力

　　2014年，孔雪梅应邀参加一个有关赞美教师的演说活动，当时主办方还邀请了一些演说者现场说法，以增加活动的效果。其中有一位大约40多岁的中年女性引起了孔雪梅的关注，当时很多演说者上台时都准备了厚厚的演讲稿，而且语言非常华丽，也具有很强的韵律和节奏感，让人觉得那就像是一首散文诗，自然而然，那些选手都赢得了台下阵阵激烈的掌声。

　　可是轮到这位中年女性上台之后，她并没有运用什么出色的演说技巧，没有用太多华丽的辞藻来堆砌句子，而是用非常平实、非常朴素的语言来讲述发生在自己孩子身上的教学故事。尽管这个有关老师的故事非常简单，但是从这位母亲朴实无华的语言中说出来，让人觉得非常感人。

　　事实上，直到第二天，孔雪梅的脑子里还一直都在回想这位母亲所说的话，一直在想"那位老师应该会说你多么的出色"。而这一次的经历，使孔雪梅对语言的表述发生了一些改变。在这之前，她也是一个不错的演说者，无论是在大学期间，还是在公司里，她都会通过出色的演说技巧和得体的语言去吸引他人的关注。听了那位母亲的话后，孔雪梅才意识到自己平时的那些华丽句子是多么的空洞和苍白。

多数人都会产生一种错觉，以为在说话的过程中，加入更多华丽的句子、词汇，就能够使自己所说的话产生更大的吸引力和说服力。结果，很多人在说话的时候喜欢拽文，喜欢使用一些修饰方法来提升句子的内涵，喜欢运用一些特殊的语气语调来进行装饰，尤其是在演说的时候，更是会进行精心包装。

虽然修饰是说话中一个重要的部分，而且也的确会提升话语的说服力和吸引力，但是任何一种修饰首先都是一种技巧，是一种辅助性的方法。它可以让我们的话听起来更加有水平，但却并非总是会给听众带来美的享受，而且过多的修饰会破坏语言原有的魅力，也脱离了说话的本质。

相比之下，一些没有太多修饰的话，比那些纯粹依靠技巧和华丽词汇堆积起来的句子更能打动人心。这些自然朴素的话反而更能够体现出我们最真实的情感和想法，更能够通过这些情感表达而在平常人的心中引发共鸣。

事实上，一些技巧性很强的修饰方法的确也会起到一定的效果，但是在体现真实感情方面，这种影响力远远比不上那些发自肺腑的朴素语言，因为任何真挚的感情都不是单纯的技巧表现出来的。

从这层意义上来说，最好的语言就是返璞归真，最高的说话境界就是保持自然朴素的风格。有人曾经采访世界顶级的演说大师，他们都有一个共同的观点，那就是认为最自然的话语才是世界上最具魅力的，那些最朴素的语言才是世界上最能打动人心的。

比如世界推销大师霍普金斯就认为："那些自诩为演说高手的人，往往不是合格的推销员。虽然一段很优美的话固然能够让人感到美的享受，但是却说服不了任何人来购买你的东西，而有时候朴素的几句话，反而就可以让顾客心甘情愿地掏钱。"在他看来，华丽的辞藻、精妙的修饰都是一些无意义的摆设，真正具有说服力的话应该保持自然本色，重点突出语言本身所具备的价值和魅力。

正因为如此，有人说最高明的语言技巧就是保持自然本色，最巧妙的装饰就是毫不修饰，当然想要保持自然本色，并不是想到什么说什么，也不是随意乱说，真正的朴实应该遵循一些基本的原则：

——**简单直接**

如果在一句话中加入各种各样的元素和技巧，语言反而变得更加复杂，这样一来就会影响谈话者内在的感情和理念的传达，也会影响倾听者对话语信息的提取。

正因为如此，谈话者想要让自己的谈话更加直接动人、深入人心，就需要避免让自己的话变得更加复杂，避免自己的话华而不实，而最好的方法就是尽量让自己的话简单直接一些。"简单"让谈话者的意思更加明显，"直接"则让谈话者感情变得更加真挚、强烈，这两个特质有助于提升话语的吸引力和说服力。

比如著名的反战人士莫里斯在进行反对伊拉克战争的演说中，他直接说道："当那些炮弹落在学校里的时候，当那些弹片扎进孩子的身上的时候，当所有的枪支成为任意屠戮工具的时候，我们所宣扬的和平就是最大的笑话。"这些话非常简单，直接，可以有效深入人心。

——释放感情

需要注意的是，朴素的语言并不意味着我们就要说一些大白话，并不意味着我们像读书一样毫无感情地说话，我们还应该在朴素的言语中加入一些感情，毕竟情感是增强感染力的第一要素。

正因为如此，说话者在表达的时候，一定要注意感情上的释放，要注意感情方面的表现力，也就是说要将感情和朴素的语言结合起来。当然感情的释放不能太过牵强，不能释放得太随意，这样反而会显得不够自然，会破坏感情的真挚，也会影响话语的说服力。

——自然表达

自然朴素的语言不仅仅体现在说话的内容，还体现在说话的方式。很多人在说话的过程中喜欢加入一些不必要的语气、语调，喜欢加入一些不必要的停顿，这些技巧性的表达方式有时候能够提升感染力，可是太多技巧的使用则会破坏话语的连续性，就会破坏倾听者酝酿出来的感情。

所以说话者在表达的过程中，还是应该尽量保持自然的姿态，保持自然的表达方式，这样才能够让朴素的语言变得更加真实。

无论如何，从交流的角度来说，保持自然朴素的话语很有必要，但是保持自然意味着要减少技巧的运用，而不是说我们在表达的过程中完全不需要技巧，毕竟很多技巧性的东西可以让我们的谈话变得更具吸引力。所以当我们在表达的时候，一定要适当控制技巧的使用，并尽可能保证自然朴素的风格。

6. 保持你的个性

著名演员马龙·白兰度拥有一副怪异的嗓音，很多人觉得那样的嗓音太过沙哑，根本没有任何美感，这也让他在表演的时候备受指责和讥讽。

当电影《教父》开拍的时候，导演让马龙·白兰度念台词，结果没等白兰度说几句话，导演就直摇头，认为这样的声音根本没有办法打动观众。当时导演甚至想要更换主演或者干脆进行配音，但是白兰度希望导演给自己一个尝试的机会。

接下来，马龙·白兰度不断磨炼自己的演技，并将自己独特的嗓音更为巧妙地融入剧情当中去。结果一段时间之后，导演发现这样的嗓音具有一种不一样的美感，尤其是搭配上白兰度忧郁深邃的眼神，使得人物在展示优雅的一面时透露出冷漠和高傲的气质，这让人物角色的形象变得更加丰满。

而当整部电影呈现在观众面前之后，马龙·白兰度沙哑的嗓音不仅没有成为破坏电影艺术的最大缺陷，反而成为整部电影中最大的亮点，可以说正是因为这样的嗓音，让电影变得更具魅力。很多观众都认为自己就是因为马龙·白兰度的嗓音而喜欢上这部电影的，而马龙·白兰度也因为这样的嗓音而受到观众的热捧，成为好莱坞巨星。更重要的是，这种沙哑的声音成为他的个人标签，只要他一开口说话，就会让人立刻着迷。

后来，导演也庆幸自己没有更换角色，没有进行配音，虽然这部电影无论是剧情还是拍摄手法都非常精妙，堪称经典中的经典，但是马龙·白兰度个性化的嗓音则让电影步入了最伟大电影的行列。

在个人话语表达上，马龙·白兰度树立了一个很好的典范，他并没有一味去追求那些更加好听、更加高亢洪亮的声音，没有像其他人一样说得更有力量一些，而是坚决按照自己的个性来说，而是想方设法展示出自己的声线特质，结果反而让自己的表达变得魅力十足。在日常生活中，我们也要学习这种态度和方法。

事实上，一个真正懂得说话的人，不仅仅要专注于如何把话说得更漂亮，更让人舒服，还会努力打造不一样的说话方式，以便形成自己独有的说话风格。

这种风格是指交际过程中逐步形成的稳定的、鲜明的具有个人特色的表达方法，以及其中展现出的一种个性十足的格调。一个说话有魅力的人往往拥有自己的话语风格，可以轻松地将其与他人区分开来。

比如有的人说话比较木讷，语气也很舒缓，但是让人觉得很可爱；有的人说话语速很快，让人印象深刻；有的人说话声音很响，让人觉得底气十足；有的人说话平实，没有太多的技巧，但是却显得足够真诚；有的人言语幽默，风趣十足，往往具有很强的吸引力；有的人声音舒缓、动听，就像朗诵散文一样，让人产生美的享受。

无论是哪一种方法，都可以表现出个人独特的气质和魅力。这些独具特色的说话风格并没有高下之分，只要是最适合自己的，只要是最能够展示自己精神面貌和特质的，只要是最符合个性要求的，那就是最好的。

演说大师尼克·胡哲说过："世界上那些最顶尖的演说者之所以能够获得成功，并不在于他们的语言组织能力多么出色，不在于他们的思维多么敏捷，也不在于他们的学识多么渊博，而在于他们总是能够做到与众不同，他们拥有最鲜明的说话风格。"拥有独特的语言风格，是每一个演说家自成一派并获得大众认可的一个重要武器，也是演说家保持个人魅力的关键要素。可以说，一个人所能展示出来最高语言艺术，并不是运用多么好的修饰与技巧，而是最完美地展现自己那些独特的气质，最能够展示出自身与众不同的东西，这些才是说话者最应该看重和追求的。

不过，想要培养和打造个人的话语风格，往往需要从多个方面入手，因为话语风格实际上是一个非常宽泛的话题，个人说话的声音、语速、口音、措辞、停顿、音调变化、说话的节奏控制、表达的方式，以及肢体语言的配合等,这些都是影响个人说话风格的关键。

——开发自己的声音

在谈话的所有要素当中,声音是一个非常明显也非常重要的元素,好听的声音往往能够为个人加分,但是对于谈话者来说,能够展示出与众不同的声音特质,这才是打造个人风格的一个最重要要素。

有的人声音嘶哑,有的人声音高亢,有的人声音低沉,有的人声音舒缓,有的人声音轻柔,不同的声音有着不同的魅力,说话者并没有必要去效仿别人的声音。只要合理运用自己的声音,只要懂得将自己的声音运用到恰到好处,就可以有效提升个人的魅力值,并就此呈现出一种相对稳定的谈话风格。

——形成独特的节奏与音调

任何一个人在说话的时候,都有自己习惯的节奏和音调,或者有自己比较喜欢的节奏和音调。有人可能会因为自己的节奏与别人不同,会因为自己的音调有些怪异而感到苦恼,但其实这些音调和节奏如果表现到位的话,往往可以产生非常不错的效果。

所以,我们既然习惯了自己的音调和节奏,那么就可以在合适的场合发挥出来,并运用各种技巧进行完善和开发,而一旦这些节奏和音调形成了一种特定的能够展示个性的话语风格，那么我们的谈话也就会变得更具特色和吸引力。

——掌握合理的表达技巧

在说话的时候，适当加入一些表达技巧很重要，这有助于我们形成自己的独特表达方式。如果按照自己的需求和特点对这些表达方式进行适当完善并进行强化，就容易形成自己的风格。

比如有的人喜欢推理，有的人强于辩证，有的人喜欢对比，有的人热衷修辞，有的人喜欢表现出丰富的肢体语言，每一种表达技巧都应该契合自己的特点。比如反应灵敏的人可以采取辩证的表达方式，喜欢思考的人可以运用推理的方法说话，善于发掘细节的人可以采取对比手法，这样一来，我们说话的方式更容易深入人心。

总而言之，并没有什么语言是固定的，最好的语言就是那些能够充分展示自我，能够放大自身个性与魅力的话，因此不同的人应该按照适合自身特点的方式来包装自己的语言，这才是提升话语魅力的关键，也是个人说话的一个最高境界。当然，追求个性并不意味着要刻意打造一种另类的、怪异的说话风格，关键还是要打造一种符合自身特质的一种自然话语形态，只有那些能够让个性自然表现出来的话语才称得上是有魅力的谈吐。